JN090532

知的障害教育総論

太田俊己・佐藤愼二

（改訂新版）知的障害教育総論（'20）

装丁・ブックデザイン：畑中　猛

o-39

まえがき

この本では，知的障害のある子どもたちの教育，その中でも特別支援学校や特別支援学級に在学する知的障害のある児童生徒の教育を主に取り上げます。

知的障害自体は昔からある障害ですが，その教育は変化してきています。社会や家庭の状況，制度など，周囲の状況が変化したからです。特別支援教育が始まった2000年代初めと比べても状況は変わりました。

こうした変化も受け，次代の教育を意図した学習指導要領改正がありました。学校教育も変わり，知的障害教育にも影響は及ぶでしょう。本書は，このような教育の変化にも対応するため，今後に向けた知的障害教育の動きも取り上げる一方，これからも変わらない本質部分は着実に掲載するようにしました。

本書の第２章や第４章がその一例です。たとえば第２章では，近年の「知的障害」の国際的定義を挙げ，それが学習指導要領解説等の公式な見解にも反映されていることを述べます。古くから固定観念や偏見を持たれやすい知的障害ですが，「適応行動」の可変的な見方が重要なこと，また知的障害のどの子にもある強みや学習上の特性への正しい理解など，最新の知的障害観やその教育への適用が強調されています。これからの教育にとって，これらは基本にしてほしい新しくて大事な視点です。

一方，第４章では，知的障害教育の基本～教育課程や指導法，各教科等の特質～を挙げます。学習指導要領改正に伴い，変わる側面も取り上げる一方で，この教育の基本は，古く戦後すぐの時代に始まった，真剣な実践試行に由来することが述べられています。障害観や教育観，子どもの見方など，近年大きく変化する側面がある一方で，継続し変わらないこの教育の本質も持続していることがわかります。

また，第９章では，「主体的・対話的で深い学び」に代表される新たな授業等への取り組みと知的障害教育を取り上げています。「どのように教えるのか」から子どもが「どのように学ぶ」のかに，授業観と教育観を変えていく必要があります。今後の教育を考える基本の視点が取り上げられています。しかしこの間，知的障害教育の道のりは，子どもたちの主体性実現と社会自立の追究と考えることができます。子ども主体の新教育観に通じるこの観点は，近年の知的障害教育関係者の努力の成果ですが，本書のいろいろな章から読み取っていただけるものと思います。

たとえば，知的障害教育には，一人ひとりの主体的な力と個性の発揮を願う，優れた実践方法と教育内容があります。生活単元学習や作業学習，日常生活の指導や遊びの指導，また知的障害教育の各教科等です。これらは，どの子も主体的に，精いっぱい取り組むことを願い工夫された方法や内容です。一人ひとりの尊厳と子ども主体の実現をめざすこうした実践方法と教育内容は，今後もぜひ発展すべきだと思います。

本書は，放送大学の特別支援学校教諭免許取得に関わる科目に対応します。知的障害の領域（教育課程・指導法，心理・病理・生理）の専門的な内容になります。このため，本書は現職教員の方々の再学習や発展学習にも，また特別支援教育を学ぶ社会人や学生の方向けにも役立つことでしょう。

執筆に当たっては，今まさに活躍される各講師にお願いをしました。ご多忙の中，願望以上の原稿をいただきました。編者として深甚の謝意を表します。原稿の調整や校正では，一梓堂の小野美絵子氏に大変お世話になりました。心から感謝いたします。

2019年11月

編者　太田俊己・佐藤愼二

目次

1　知的障害のある幼児児童生徒の教育 ～現状と教育の特質

太田俊己

《**目標＆ポイント**》　知的障害のある幼児児童生徒に対する教育の現状を関係資料から理解する。知的障害の特徴とそれに基づいて教育に求められる特質について，特別支援学校学習指導要領の解説や歴史的な経過などから理解する。これらにより，知的障害特別支援学校や知的障害特別支援学級の現状と課題，また知的障害教育に求められる要点と特質～教育課程や指導法の基本を学ぶ。

《**キーワード**》　知的障害教育の現状，知的障害の特徴，知的障害教育の特質

1．知的障害の教育はいま

（1）概況

小学校や中学校の義務教育年齢で，知的障害のある児童生徒の多くは特別支援学校や特別支援学級に在籍する（表1－1，1－2）[注1]。これらは，障害のない児童生徒がいる教育の場とは区分された場になる。障害のない児童生徒が学ぶ小・中学校の通常の学級にも，知的障害のある児童生徒は在籍すると思われるが，公式には十分な確認はされていない[注2]。一方，幼児期の事情は異なる。

就学前の知的障害のある幼児の多くは，一般の保育所や幼稚園で，障害のない幼児たちとともに保育を受ける実状にある。先に挙げた特別支援学校（知的障害）で幼稚部設置校は少ない。在籍する幼児も少ない。乳幼児健診などにより，乳幼児期に知的障害とわかる場合には，児童発

表１－１　特別支援学校対応障害種別学校数，設置学級基準学級数及び在籍幼児児童生徒数―国・公・私立計―（文部科学省，平成 29 年 5 月）

	学校数	学級数	在籍幼児児童生徒数				
			計	幼稚部	小学部	中学部	高等部
視覚障害	学校 82	学級 2,167	人 5,317	人 199	人 1,550	人 1,228	人 2,340
聴覚障害	116	2,818	8,269	1,141	2,935	1,853	2,340
知的障害	776	30,823	128,912	247	37,207	27,662	63,796
肢体不自由	350	12,474	31,813	102	13,578	8,381	9,752
病弱・身体虚弱	149	7,521	19,435	38	7,306	5,158	6,933

※この表の学級数及び在学者数は，特別支援学校で設置されている学級を基準に分類したものである。複数の障害種を対象としている学校・学級，また，複数の障害を併せ有する幼児児童生徒については，それぞれの障害種ごとに重複してカウントしている。

表１－２　特別支援学級数，特別支援学級在籍児童生徒数，担当教員数及び特別支援学級設置学校数―国・公・私立計―（文部科学省，平成 29 年 5 月）

障害種別	小学校		中学校		合計	
	学級数	児童数	学級数	生徒数	学級数	児童生徒数
知的障害	学級 18,371 (43.9 %)	人 77,743 (46.5 %)	学級 8,683 (47.4 %)	人 35,289 (51.7 %)	学級 27,054 (44.9 %)	人 113,032 (48.0 %)
肢体不自由	2,244 (5.4 %)	3,418 (2.0 %)	790 (4.3 %)	1,090 (1.6 %)	3,034 (5.0 %)	4,508 (1.9 %)
病弱・身体虚弱	1,468 (3.5 %)	2,480 (1.5 %)	643 (3.5 %)	1,021 (1.5 %)	2,111 (3.5 %)	3,501 (1.5 %)
弱視	358 (0.9 %)	413 (0.2 %)	119 (0.6 %)	134 (0.2 %)	477 (0.8 %)	547 (0.2 %)
難聴	793 (1.9 %)	1,242 (0.7 %)	329 (1.8 %)	470 (0.7 %)	1,122 (1.9 %)	1,712 (0.7 %)
言語障害	539 (1.3 %)	1,570 (0.9 %)	126 (0.7 %)	165 (0.2 %)	665 (1.1 %)	1,735 (0.7 %)
自閉症・情緒障害	18,091 (43.2 %)	80,403 (48.1 %)	7,636 (41.7 %)	30,049 (44.0 %)	25,727 (42.7 %)	110,452 (46.9 %)
総計	41,864	167,269	18,326	68,218	60,190	235,487
担当教員数	44,854 人		20,093 人		64,947 人	
設置学校数	16,315 校		7,907 校		24,222 校	

※中等教育学校の特別支援学級はなし。
※情緒障害者を対象とする特別支援学級については，「「情緒障害者」を対象とする特別支援学級の名称について」（平成 21 年 2 月 3 日付 20 文科初第 1167 号　文部科学省初等中等教育局長通知）において，「自閉症・情緒障害」と改称。

達支援センター等の地域の障害に関する療育機関で療育を受けるか，または療育を受けながら幼稚園等に並行して通うケースが多い。一方，高等学校の年代に目を移すと，小学部・中学部・高等部が設置されている特別支援学校では，高等部の在籍生徒数が近年増加し，また高等部のみ設置されている知的障害特別支援学校の数も近年増えている。高等部段階の生徒数の増加は，特別支援学校教育の中で顕著な傾向にある。

特別支援学級については，ほぼ小・中学校のみに限られ，幼稚園，高校での学級設置はまれである。そのため，知的障害のある生徒の中学卒業後の進路としての進学先は限られ，特別支援学校の高等部か，あるいは障害のない生徒とともに高等学校に入学するかのどちらかとなる実状がある。このうち，高等学校における知的障害のある生徒の在籍数，またその後の進路先に関しては，現段階で詳細は不明である。

特別支援学校高等部卒業後は，企業，事業所等への一般就労，また就労支援事業や生活支援事業の利用，福祉施設等の利用，障害者向け職業訓練機関の利用や専門学校等への進学が進路となっている（表１−3）。

表１-３　特別支援学校高等部（本科）卒業後の状況―国・公・私立計―

（平成 29 年 3 月卒業者：文部科学省）

区分	卒業者	進学者	教育訓練機関等	就職者	社会福祉施設等入所・通所者	その他
計	人 21,292 (100.0 %)	人 396 (1.9 %)	人 381 (1.8 %)	人 6,411 (30.1 %)	人 13,253 (62.2 %)	人 851 (4.0 %)
視覚障害	277 (100.0 %)	92 (33.2 %)	10 (3.6 %)	32 (11.6 %)	119 (43.0 %)	24 (8.7 %)
聴覚障害	451 (100.0 %)	162 (35.9 %)	20 (4.4 %)	195 (43.2 %)	60 (13.3 %)	14 (3.1 %)
知的障害	18,321 (100.0 %)	66 (0.4 %)	276 (1.5 %)	6,029 (32.9 %)	11,262 (61.5 %)	688 (3.8 %)
肢体不自由	1,856 (100.0 %)	57 (3.1 %)	42 (2.3 %)	94 (5.1 %)	1,574 (84.8 %)	89 (4.8 %)
病弱・身体虚弱	387 (100.0 %)	19 (4.9 %)	33 (8.5 %)	61 (15.8 %)	238 (61.5 %)	36 (9.3 %)

※上段は人数，下段は卒業者に対する割合。四捨五入のため，各区分の比率の計は必ずしも 100 % にならない。

近年，就労形態の幅が広がっていること，またキャリア支援，進路支援が充実してきていること等により，特別支援学校高等部卒業者の企業等一般就労の就職率が微増傾向にある。しかし，その就職率は30％台で推移しており，希望者全員の就労への道までは遠い感がある。

（2）知的障害特別支援学校の現状

特別支援学校は，幼稚園，小学校，中学校や高校と並ぶ学校種の一つである。教育課程の編成については特別支援学校の学習指導要領に依るところとなっている。設置者別には，都道府県立，市立，国立（独立大学法人の附属校），私立の特別支援学校がある。制度上の設置規定もあり，都道府県立の学校が中心である。～特別支援学校以外にも，具体的な学校名称として，～支援学校，～養護学校，～学園など種々のものがある。各校の名称の付け方は，設置主体に依っている。

特別支援学校の対象者は，学校教育法により視覚障害者，聴覚障害者，知的障害者，肢体不自由者，病弱者である。このうち知的障害児童生徒を主たる対象とする特別支援学校（知的障害特別支援学校）は，現状で，表1－1のように学校数・児童生徒数ともに特別支援学校の中で，高い割合を占める。また肢体不自由の特別支援学校にも，肢体不自由に加え，知的障害を伴う幼児児童生徒は少なくない。また同じ学校内に，知的障害部門と肢体不自由部門の両方を併置する特別支援学校もある（併置校）。視覚障害，聴覚障害，病弱のそれぞれの特別支援学校においても，知的障害を伴う幼児児童生徒が在籍することがある。

このような状況から，他の障害に比べ，特別支援学校全体に占める知的障害幼児児童生徒の人数や割合は相対的に高くなることがわかる。また近年，在籍する児童生徒数の増加する傾向が，他の障害に比べ知的障害で特に顕著な点も特徴的である。文部科学省の特別支援教育資料によれば，特別支援教育開始年である 2007 年からの 10 年間で，全体の少子化傾向にもかかわらず，在籍者数の増加率は約 133% と，3 割もの増加率を示している。

知的障害特別支援学校には，小学部，中学部，高等部の 3 つの学部が設置されることが多く，上述のように高等部生徒数の割合が，なかでも高い現状にある（表 1－1）。これは先述のように，知的障害のある生徒にとって，中学卒業後の進路が，特別支援学校か高等学校かに実際上は限られるので，その結果，高等部の段階から特別支援学校への入学者が増すためであろう。

近年では，全国的に，比較的軽い知的障害のある生徒を対象にする高等部のみの特別支援学校の設置が続いている。また，高等部のみの分校・分教室として，本校の敷地とは別に設置するケース，それも一般の高等学校と同じ校舎内に設けるケースが見かけられる。さらにまた，知的障害の程度等も考慮して，高等部内でコース制をとり，職業コースや生活コースのようにコースの別に教育を，つまり教育課程を分ける方式をとるケースも見られる。

これらはいずれも，軽い知的障害のある高等部生徒のキャリア支援，就職支援を強める意味からなされているようである。一般の高等学校内の分校・分教室の設置は，障害のない生徒との日常的な交流，つまりインクルーシブな動向を意図してのこともあるようである。

高等部は義務教育ではないこともあり，入学時選考等が実施されるが，特別支援学校によっては志望者が多く，そのためか，学力試験のような内容を課したり，厳しい選抜方式を行ったりする学校もあるなどの伝聞も耳にする。知的障害のある場合，進路の選択肢は，知的障害のない生徒に比してかなり限られる状況にある。過度の競争や能力一辺倒の選抜との批判，また当事者の難渋の声が上がることのない高等部のあり方や選考が望まれる。

在籍する幼児児童生徒の知的障害の程度については，公的な調査結果はないので正確な状況は知られていない。しかし，特別支援学校の現場からは，以前と比べ，障害の軽いケースを多く見かける反面，障害が重複し重いケースも増加しているようだとの声を耳にする。

一方で，知的障害特別支援学校の中で，自閉症スペクトラム障害を伴う児童生徒の割合が少なくない（国立特別支援教育総合研究所，2018）。また，高等部を中心に，発達障害に類する児童生徒の在籍が増加しているとの見方もある。このように在籍する児童生徒の多様化の傾向が進み，また養育する家庭にも，社会経済的な状況，養育環境の上で，多様化が進んでいるとの声も聞くところである。

以上からは，児童生徒の教育ニーズは多様になり，また家庭や保護者からの願いや連携の内容も以前とは異なってきている様子がうかがえる。教育の基盤となるこれらの状況の変動があるとすると，知的障害特別支援学校の教育課程編成，さらに授業や学級運営に直接的・間接的に影響を及ぼしかねない現状にも思える。

（3）知的障害特別支援学級の現状

特別支援学級は，学校教育法第 81 条第 2 項に基づき，規定の障害のある児童生徒等を対象に，小・中学校などに設けることができる学級である。小・中学校に設置された学級であれば，小・中学校に属するため，そこでの教育の目的と目標は，小・中学校のそれと同じになる。ただし，特別支援学級の教育課程については，学校教育法施行規則第 138 条により，在籍する児童生徒に合わせ，特別な教育課程によることができることとなっている（第 10 章，第 11 章参照）。

知的障害特別支援学級の教育課程については，その児童生徒の小学校・中学校各教科について，当該学年の目標・内容の学習が困難等であることを確認した後，知的障害特別支援学校の各教科を用いるようにする（小学校学習指導要領解説等）こととなった。つまり，小学校であればその教育課程の履修可能性を見極めた上で，（多くが学力上，小学校教科の習得が難しくなることから）知的障害特別支援学校における教育課程に準じ，知的障害特別支援学級独自の教育課程を編成していくことになる（第 10 章，第 11 章参照）。

学級担任については，定員ごとに，各学級に担任が一人ずつ配置される。小・中学校内での人事配置になる。児童生徒の障害等の状況により，一人担任では柔軟に対応しづらい等のため，同一校内に複数学級がある場合には，学級が合同し，複数教員による授業が進められたりもする。また常勤の教員以外に，補助的に非常勤の支援員等を配置し，担任と共に学級運営を行う例も多い。

近年，小学校，中学校ともに，知的障害の学級数・児童生徒数はそれぞれに他の障害に比して全体に占める割合は高く（表１－2），在籍児童生徒数は全国的に増加の一途をたどっている。文部科学省の特別支援教育資料によれば，特別支援教育開始年の 2007 年からの 10 年間で小・中学校合わせての在籍者数の増加率は約 169％ と，約 7 割もの増加率である。こうした増加傾向は特別支援学校と同様だが，児童生徒の実際の在籍者数では，義務教育年齢にある特別支援学校のそれを大きく上回っている。義務教育年齢では，相対的に特別支援学級を選ぶ知的障害児童生徒・家庭が多いことを示している。

在籍の児童生徒が増えるのと比例し，特別支援学級の学級数や担当教員も近年，増加が続いている。学級担任については，初めて特別支援学級を担任する新任担任者の割合が高く，さらに数年間の短期で担任者の多くが交代する状況が全国的に続いている。障害のある児童生徒の担任経験者が増えることは望ましい。その一方で，短期で教員の交代が多い結果，特別支援学級担当教員の専門性や担当資格，継続性，研修のあり方など，校内や地域での担当教員の資質維持・向上のための効果的な方策等が課題になっている。

以上のように，知的障害教育を担う特別支援学校や特別支援学級の設置数，またそこに在籍する知的障害児童生徒数が，近年増え続けている。これに伴う教室不足解消や教育環境の維持，教員・支援員等の確保，教員の資格や資質・専門性の保障，および各地域での教育力維持・向上のための研修体系など，人的・物的資源の質・量の維持・向上への課題は少なくない。しかしこうした知的障害教育へのニーズの高まりは，考えれば，知的障害教育が社会的に強く求められ続けてきていることを意味する。知的障害のある子どもたちに適切な教育を行ってほしいという社会的なニーズが，着実に高まり続けているということである。この子どもたちの求める教育ニーズに適切に応えること，また，十分には意思を伝えにくい子どもたちの思いに添う，子ども理解のあり方やよりよい教育実践が強く求められているのである。

2. 知的障害教育の特質と特色

(1) 知的障害の特徴と教育実践との関連

知的障害とは「知的機能の発達に明らかな遅れと，適応行動の困難性を伴う状態が，発達期に起こるもの」とされる（特別支援学校学習指導要領解説各教科等編）。ここでは，国際的な知的障害に関する定義と同じく，いわゆる「知能」の側面と，社会的な「適応」の両面を見て知的障害か否か判断する見方が示されている。つまり，知的障害かどうかを判断する基準として，第一に，知的機能つまり知能が明らかに標準より低位にあること，加えて第二として，社会的な適応の困難さが認められる場合を挙げているのである。つまり，知能検査結果だけで知的障害ということはできないし，社会的な適応行動の様子だけで判断することもできない（第２章参照）。

全般的な知的機能に困難性のある知的障害であるため，学習上には独特な特性がある。特別支援学校学習指導要領解説各教科等編には，次の説明がある。つまり，学校教育の中で多く扱われる「抽象的な内容の指導」よりも，「実際的な生活場面の中で，具体的な」指導が効果的である。また，総合し応用する能力にも困難性があるため，「学習によって得た知識や技能が断片的」なままにとどまり易い。このため，実体験を重視し，「実際の生活場面に即し」繰り返し活動に取り組む実践が有効としている。さらに「成功経験」が得にくければ，「主体的に活動に取り組む意欲が十分に育」ちにくいため，「自信や主体的に取り組む意欲を育むこと」が重要になる。このように，知的障害に伴う困難な側面を補い，意欲を重視する教育実践，また実際の生活場面での具体的な活動を取り入れた教育実践が推奨されているのである。

（２）知的障害教育の基本と特質

知的障害教育の基本として，前項を含め，推奨されてきた必須事項がある。知的障害教育の特質である。以下にいくつか挙げてみよう（特別支援学校学習指導要領解説各教科等編）。

表１－４　知的障害教育の教育的対応の基本

① 望ましい社会参加を目指し，日常生活や社会生活に生きて働く知識及び技能，習慣や学びに向かう力が身に付くよう指導する。
② 職業教育を重視し，将来の職業生活に必要な基礎的な知識や技能，態度及び人間性が育つよう指導する。

③　生活の課題に沿った多様な生活経験を通して，日々の生活の質が高まるよう指導するとともに，よりよく生活を工夫していこうとする意欲が育つよう指導する。
④　自発的な活動を大切にし，主体的な活動を促すようにしながら，課題を解決しようとする思考力，判断力，表現力等を育むよう指導する。
⑤　児童生徒が，自ら見通しをもって主体的に行動できるよう，日課や学習環境などを分かりやすくし，規則的でまとまりのある学校生活が送れるようにする。
⑥　生活に結びついた具体的な活動を学習活動の中心に据え，実際的な状況下で指導するとともに，できる限り児童生徒の成功体験を豊富にする。
⑦　児童生徒の興味や関心，得意な面に着目し，教材・教具，補助用具やジグ等を工夫するとともに，目的が達成しやすいように，段階的な指導を行うなどして，児童生徒の学習活動への意欲が育つよう指導する。
⑧　児童生徒一人一人が集団において役割が得られるよう工夫し，その活動を遂行できるようにするとともに，活動後には充実感や達成感，自己肯定感が得られるように指導する。
⑨　児童生徒一人一人の発達の側面に着目し，意欲や意思，情緒の不安定さなどの課題に応じるとともに，児童生徒の生活年齢に即した指導を徹底する。

＊番号・下線は筆者による

以上は基本事項だけに他章とも関連するが，概説しておこう。

①と②では，知的障害教育の全体が，社会参加に向けた生活に生きる教育を志向していること。自立と社会参加に向けた教育内容・方法という特徴をもち，関連して職業的な社会生活に結び付くことを教育実践でも重視する性質がある点を挙げている。

③と④では，児童生徒が当面の生活上の課題（生活のテーマ）に向けて，目当て・見通しをもって多様な経験を積む結果，日々を主体的に，

充実した質の高い学校生活を送ることができるよう生活的な実践を進める意義を挙げている。

⑤と⑥では，学校の日課と環境を規則的になど分かりやすく，また取り組んで成功しやすい工夫を行い，子どもの学校生活上のテーマのもと，生活的な活動を日課の中軸にすえ，実際的な状況のもとで，テーマとしてまとまりのある学校生活づくりを行うことを挙げている。

⑦と⑧，⑨では，日々の活動で，発達や生活年齢，興味関心に即した授業を行いながら，集団で取り組む役割や達成感等を重視し，段階的な指導，教材等を工夫すること，また意欲や情緒等の個々の児童生徒の示す課題的な部分にも応じる指導の大切さを述べている。

これらの内容は重要であるだけに，各特別支援学校の目標はもちろん，各学部（幼・小・中・高等部）の目標や重点と関連する。さらに学校での日課や時間割の組み方，単元計画や指導計画，かつ指導内容・方法にも関係する要点である。この知的障害教育の基本は，学校としての教育課程編成のあり方に直結し，具体的な授業での展開，教材教具・道具や補助具，また示範や言葉かけ，具体的援助，等の支援上の手だてやできる状況づくり等々の指導の実際にも関係する。このため，十分にこれらの特質についての理解を深めることが肝要になる。

（３）知的障害教育の特質の成り立ち

以上で見た知的障害教育の基本的な特質は，唐突に成立したわけではない。半世紀以上遡るが，第二次世界大戦後の知的障害教育にそのルーツがあり，またその後の実践的な継承があって今日に至っている。他章でも触れられるので，ここでは短く述べるに留めたい。

ルーツは，第二次世界大戦後の知的障害教育にある。1947 年，国の教育研修所（後の国立教育研究所）の実験学級が，東京都品川区大崎中学校分教場の形で開設された。知的障害教育の実践方法について探究的な模索が行われたのである。通常の教育の教科水準を下げての指導，カード学習，小グループ学習の精力的な試行などを経て，1951年には，実際の社会的体験を軸にした，目標実現・単元活動型の新たな取り組みが行われた。

遠足での現地自炊の取り組み，生徒たちが街に出ての赤十字募金活動，そして学校移転に伴う備品購入費用捻出を目的としたバザー単元活動などが試行されたのであった。特にこのバザー単元では，生徒が意欲的，主体的に，種々の活動に総合的に取り組む単元活動が展開された。その結果，生徒が格段に成長したところから，こうした生活経験を基盤とする，学校生活のテーマ実現（バザーの成功）に向け単元化した実践法が確立していったのであった。

今日の生活単元学習や，作業学習のルーツである。先の知的障害教育の要点は，目当て・見通しのもとに，生徒主体に重ねる生活経験を重視した，こうした実践成果に端を発しているのである。詳しくは第4章で見ることにしよう。

注1）特別支援教育には，通常の学級に籍を置きながら特別な指導を受ける通級による指導の制度があるが，実態はともかく，知的障害の児童生徒はこの対象ではないとされているので，どの程度，通級による指導を知的障害のある児童生徒が受けているかは不明である。

注2）文部科学省　特別支援教育資料（平成29年）では，特別支援学校対象の障害程度にあたる知的障害児童生徒で，通常の学級に在籍するケースが，594人（小学校），227人（中学校）いるとしている。これ以外の通常の学級に在籍する知的障害児童生徒の有無は明らかではない。

学習課題

1．読者のこれまでの生活で，知的障害のある子や人との関わりがあれば，振り返ってみよう。どのようなことに知的障害の「困難性」があるのかも振り返って確認してみよう。「抽象的な事柄の理解は不得手」，「生活経験を経て成長する」があてはまるか考えてみよう。
2．この章の表から，知的障害に関する数値を確認し，他の障害と比べてみよう。知的障害の実状を数の上から確かめてみよう。
3．障害のない一般の幼児や小・中学生の場合も，生活にテーマ（目標）があるときには，意欲的に活動する。どのような例があるか考えてみよう。知的障害の子どもをイメージできる読者は，同じことが知的に障害のある幼児児童生徒でも同じか考えてみよう。

参考文献

文部科学省「特別支援教育資料（平成 29 年度）」文部科学省ホームページ
文部科学省「特別支援教育資料（平成 19 年度）」文部科学省ホームページ
文部科学省『小学校学習指導要領解説　総則編』東洋館出版社　2018 年
文部科学省『特別支援学校学習指導要領解説　各教科等編（小学部・中学部）』開隆堂出版　2018 年
日本発達障害連盟「知的障害：定義，分類および支援体系　第 11 版」 2012 年
国立特別支援教育総合研究所「特別支援学校（知的障害）に在籍する自閉症のある幼児児童生徒の実態の把握と指導に関する研究」研究成果報告書　2018 年
全日本特別支援教育研究連盟『教育実践でつづる知的障害教育方法史』川島書店　2002 年

2 知的障害の心理と教育実践

坂本　裕

《目標＆ポイント》 知的障害の定義，その適用の前提条件，病因，学習上の特性を理解する。そして，その理解を踏まえて，知的障害のある児童生徒の学習上の特性とそれから求められる知的障害教育の教育実践のあり方を学ぶ。
《キーワード》 知的障害の定義，病因，学習上の特性，教育実践との関連

1．知的障害の定義

知的障害の定義は，AAIDD（American Association on Intellectual and Developmental Disabilities：米国知的・発達障害協会）によって，10年に一度改訂される定義が国際的な定義の一つとなっている。2010年に示された第11版において，知的障害は表2－1のように定義されている。

表2－1　知的障害の定義（AAIDD，2010）

知的障害は，知的機能と適応行動（概念的・社会的および実用的な適応スキルによって表される）の双方の明らかな制約によって特徴づけられる能力障害である。この能力障害は18歳までに発現する。

わが国においては，知的障害の定義は示されていない。しかし，教育分野においては，文部科学省（2018）はAAIDDの知的障害の定義を取り入れ，知的障害を表2－2のように説明している。

表2－2　知的障害についての説明（文部科学省，2018）

知的障害とは，知的機能の発達に明らかな遅れと，適応行動の困難性を伴う状態が，発達期に起こるものを言う。

　「知的機能の発達に明らかな遅れ」がある状態とは，認知や言語などに関わる精神機能のうち，情緒面とは区別される知的面に，同年齢の児童生徒と比較して平均的水準より有意な遅れが明らかな状態である。「適応行動の困難性」とは，他人との意思の疎通，日常生活や社会生活，安全，仕事，余暇利用などについて，その年齢段階に標準的に要求されるまでには至っていないことであり，適応行動の習得や習熟に困難があるために，実際の生活において支障をきたしている状態である。「伴う状態」とは，「知的機能の発達に明らかな遅れ」と「適応行動の困難性」の両方が同時に存在する状態を意味している。知的機能の発達の遅れの原因は，概括的に言えば，中枢神経系の機能障害であり，適応行動の困難性の背景は，周囲の要求水準の問題などの心理的，社会的，環境的要因等が関係している。「発達期に起こる」とは，この障害の多くは，胎児期，出生時及び出生後の比較的早期に起こることを表している。発達期の規定の仕方は，必ずしも一定はしないが，成長期（おおむね 18 歳）までとすることが一般的である。

　適応行動の面では，次のような困難さが生じやすい。

　○概念的スキルの困難性
　　言語発達：言語理解，言語表出能力など
　　学習技能：読字，書字，計算，推論など
　○社会的スキルの困難性
　　対人スキル：友達関係など
　　社会的行動：社会的ルールの理解，集団行動など
　○実用的スキルの困難性
　　日常生活習慣行動：食事，排泄，衣服の着脱，清潔行動など
　　ライフスキル：買い物，乗り物の利用，公共機関の利用など
　　運動機能：協調運動，運動動作技能，持久力など

　知的障害の AAIDD の定義，そして，文部科学省の説明において必ず押さえておくべき点は、知的障害を「知的機能の明らかな制約（知的機能の発達に明らかな遅れ)」に加えて，「適応行動の明らかな制約（適応

行動の困難性)」も併せ有する状態としている点である。知的障害の名称からその制約を「知的機能の明らかな制約（知的機能の発達に明らかな遅れ)」のみに限定して理解するようなことが決してあってはならない。

また，文部科学省の説明にある「精神機能のうち，情緒面とは区別される知的面」の的確な理解も不可欠となる。太平洋戦争終戦間もない頃，わが国の知的障害教育におけるバイブル的な指導書であった『精神薄弱児[注]の教育』（マーチンス，E.，1950）には表２−３のような記述がある。（注：現在の知的障害児にあたる当時の用語）

表２−３　知的障害児の情緒のあり様（マーチンス，E.，1950）

> 情緒的な経験について言えば，精神薄弱児も普通の人間の情緒をもっている。かれらも「感情をもっている」のである。その感情は知的能力のちがいほどに異なるものではない。普通の者と同様に腹がすき，のどが渇く。その願望が満たされたり満たされなかったりするのに応じて，うれしくもなり，悲しくもなる。愛情や失望，およそ普通の人に見られる情緒的経験はすべてある。

知的障害を理解する上において，情緒面にはなんら制約がないことを常に明確に意識しておかなければならない。

そして，「適応行動」について，余暇利用も含み幅広く捉えられており，「実際の生活において支障をきたしている状態」であることから社会参加への対応が必至となるものである。さらに，その背景には「周囲の要求水準の問題などの心理的，社会的，環境的要因等が関係している」ことから，知的障害とは個人と社会の関係性（社会モデル）から理解すべきことがわかる。

このことからも，教育，すなわち，学校の実践においては，ADL（生活技能）の獲得を意図した訓練的対応に終始することなく，児童生徒の学校生活全般における生活の質（QOL）の高まりを求める支援的対応がなければ，その務めを果たしているとはいえない。

なお，AAIDD は知的障害の定義の適用においては表２−４の５つがその前提となるとしている。

表２−４　知的障害の定義の適用における前提条件（AAIDD，2010）

1．今ある機能の制約は，その人と同年齢の仲間や文化的に典型的な地域社会の状況の中で考慮されなければならない。
2．アセスメントが妥当であるためには，コミュニケーション，感覚，運動および行動要因の差はもちろんのこと，文化的，言語的な多様性を考慮しなければならない。
3．個人の中には，制約と強さが共存していることが多い。
4．制約を記述する重要な目的は，必要とされる支援プロフィールを作り出すことである。
5．長期にわたる適切な個別支援によって，知的障害がある人の生活技能は全般的に改善するだろう。

知的障害をはじめとする障害のある人たちの生活の場は，50 年ほど前まで，衣食住を施すための人里離れて設けられた大規模施設等が主流であった。しかし，現在では，ノーマライゼーション思想の広まり等により，家族や友達，同僚，知人等とともに生活することができる家庭や市街地のグループホーム等が主流となった。そのため，その障害からの制約への対応は，学校や病院，施設にとどめることなく，地域社会の中での生活を標準と考えての対応となってきている。

また，アセスメントは，その人の持てる力をより発揮できるように，わが国においても，その人の居住地域の生活習慣や文化，方言，言語等をも考慮して行わなければならない。

そして，その人の制約（limitation），すなわち，苦手なことのみに目を向けることなく，強さ（strength），すなわち，その人ができそうなことやできつつあることに目を向ける構えが基本となる。なお，苦手なことを書き示す必要があるとすれば，それは，その人にとって欠くことのできない支援計画を立案する時に限定されることも理解しておく必要がある。後述するが，苦手なことをあげつらうことが知的障害教育における教師の専門性であるかのような行為は決して行ってはならない。

さらに，知的障害者の支援は短期でその成果が現れることは少なく，長期にわたる適切な個別支援に基づく適切な経験を積み重ねる中で，社会生活に必要な技能の緩やかな獲得と向上に対する期待を強く持ち続けることがその教育や支援に携わる者の心底になければならない。

2．知的障害の病因

知的障害の病因は，生物学的因子，社会的因子，行動的因子，教育的因子といった 4 つの危険因子からなる多因子構成概念として概念化されている（AAIDD，2010）。そして，各時期における各危険因子の主だった要因が表 2－5 のように挙げられている。

これらの因子・要因は時期を越えて相互に作用し，人の全般的機能に影響を及ぼすものとされている（AAIDD，2010）。そうしたことからも，知的障害の病因を特定するためには，受胎から出生後までについての病歴，該当者，家族，学校（職場）環境，地域社会，文化的環境についての心理社会的評価，特定の身体特徴を見いだす身体的診察，病歴と身体的診察からの資料の評価から追加される臨床検査を通し，できる限りの危険因子を明らかにする必要がある。

表２－５　知的障害の危険因子（AAIDD，2010）

時期	生物学的因子	社会的因子	行動的因子	教育的因子
出生前	1.染色体異常 2.単一遺伝子疾患 3.症候群 4.代謝疾患 5.脳の発生異常 6.母親の疾患 7.親の年齢	1.貧困 2.母親の栄養不良 3.ドメスティックバイオレンス 4.出生前ケアの未実施	1.親の薬物使用 2.親の飲酒 3.親の喫煙 4.未成年の親	1.支援がない状況下での親の認知能力障害 2.親になる準備の欠如
周産期	1.未熟性 2.分娩外傷 3.新生児期の疾患	1.出生前ケアの未実施	1.親による養育拒否 2.親による子どもの放棄	1.退院後の福祉的支援への医療側からの紹介の欠如
出生後	1.外傷性脳損傷 2.栄養不良 3.髄膜脳炎 4.発作性疾患 5.変性疾患	1.養育者との不適切な相互作用 2.適切な養育刺激の欠如 3.家族の貧困 4.家族の慢性疾患 5.施設収容	1.子ども虐待とネグレクト 2.ドメスティックバイオレンス 3.子の安全に無頓着 4.社会的剝奪 5.育てにくい気質の子どもの行動	1.不適切な育児 2.診断の遅れ 3.早期介入支援が不十分 4.特別支援教育が不十分 5.家族支援が不十分

3．知的障害のある児童生徒の学びの姿

文部科学省（2018）は知的障害のある児童生徒には表２−６のような学習上の特性があるとしている。

表２－６　知的障害のある児童生徒の学習上の特性（文部科学省，2018）

知的障害のある児童生徒の学習上の特性としては，学習によって得た知識や技能が断片的になりやすく，実際の生活の場面の中で生かすことが難しいことが挙げられる。そのため，実際の生活場面に即しながら，繰り返

して学習することにより，必要な知識や技能等を身に付けられるようにする継続的，段階的な指導が重要となる。児童生徒が一度身に付けた知識や技能等は，着実に実行されることが多い。
　また，成功経験が少ないことなどにより，主体的に活動に取り組む意欲が十分に育っていないことが多い。そのため，学習の過程では，児童生徒が頑張っているところやできたところを細かく認めたり，称賛したりすることで，児童生徒の自信や主体的に取り組む意欲を育むことが重要となる。
　更に，抽象的な内容の指導よりも，実際的な生活場面の中で，具体的に思考や判断，表現できるようにする指導が効果的である。

　こうした知的障害のある児童生徒の学習上の特性への対応は，般化の困難さ，自己効力感の低さ，10歳の壁といった知的障害のある児童生徒が示す心理的特性への対応となる。

　般化の困難さ，すなわち，学習によって得た知識や技能が断片的になりやすく，実際の生活の場面の中で生かすことが難しいため，一度身に付けた知識や技能を着実に行えるように，実際の生活に生かす場面を織り込んだ授業計画とする。

　自己効力感の低さ，すなわち，成功経験が少なく，主体的に活動に取り組む意欲が育っていないため，自信や主体的に取り組む意欲を育むことができるよう，継続的，段階的な指導にて成功体験の連続となるように学習を進めていく。

　10歳の壁，すなわち，抽象的な内容の指導よりも具体的に思考や判断，表現できるようにする指導が効果的であるため，教科ごとに教科書を使った学習よりも，実際的な生活場面の中で，具体的な内容の学習を繰り返して行うようにする。

　このように，知的障害のある児童生徒をその心理的特性から理解し，日々の教育実践を検討・計画・実施・評価していくことが不可欠となる。

4．知的障害のある児童生徒との授業実践

（1）子どもの見取り（アセスメント）

知的障害特別支援学校や知的障害特別支援学級の担任となり，授業実践を考えていく際，児童生徒の“できないこと”や“難しいこと”にどうしても目が行きがちである。それどころか，児童生徒の“できないこと”や“難しいこと”をあげつらうことを特別支援教育の専門性であるかのように履き違えているような教師もいる。しかし，知的障害特別支援学校や知的障害特別支援学級は，通常の学級では力を存分に発揮しにくい児童生徒が，その持てる力を十分に発揮できる教育の場となり得なければその存在意義はなくなる。

そのため，知的障害のある児童生徒が教師と共にその持てる力を十分に発揮できるよう，その子の“できそうなこと”や“できつつあること”を把握することが何にもまして重要となる。

その際，ややもすると障害があるために見えづらくなっているその子らしさを理解しようとする構えが表 2 − 7 のようにとても大切となる。

表 2 − 7　教師による実態把握における留意点（文部科学省，2018）

個々の児童生徒の実態を考える場合，障害の状態とそれに起因する発達の遅れのみに目が向きがちであるが，それ以外にも情報活用能力などの学習の基盤となる資質・能力，主体的に学習に取り組む態度も含めた学びに向かう力，適性，さらには進路などの違いにも注目していくことが大切である。

そして，教室での学習活動のみの短期的で，問題を挙げるような見取

りであってはならない。その子どもが得意とする情報の受け取り方，主体的な学びの態度，そして，将来の生活をも考えての見取りでなければ，豊かな教育実践とはならない。

（2）児童生徒と教師の関係性

知的障害のある児童生徒との学校生活においては「成功経験が少ないことなどにより，主体的に活動に取り組む意欲が十分に育っていないことが多い」という学習上の特性への支援が重要となる。そのため，知的障害教育に携わる教師には表2－8のような心構えが不可欠とされている。

表2－8　教師の教育活動における心構え（文部科学省，2018）

・児童（生徒）の様子を逐次把握したり，適切な師範を示したりすることができるように，教師と児童（生徒）が共に活動するとともに，
・指導の過程において，事前の指導計画に沿わない場合も想定し，児童（生徒）の学習状況に応じて柔軟に活動を修正したり，発展させたりする工夫も大切である。
（筆者一部編集）

障害のない児童生徒の教育の場では“失敗から学ぶことも多い”とされ，これから取り組むことを失敗することが予見できたとしても“まずは一人でやらせてみて”とする教育方法が採られることが少なくない。しかし，「成功経験が少ないことなどにより，主体的に活動に取り組む意欲が十分に育っていないことが多い」とされる知的障害のある児童生徒には，失敗経験を糧としての発展的な取り組みはなかなか期待しづらいものがある。そのため，“成功体験”の連続となるように児童生徒と共に取り組む教師の心構えが不可欠になる。加えて，知的障害教育では生活に活用できる“実用性”の高い各教科内容を合わせて指導すること

が多いため，授業（単元）計画を児童生徒の様子に応じて修正したり，発展させたりする教師の闊達な心構えも大切になる。こうしたことが可能となるのは，特別支援学校の授業時数の扱いが表2－9のように大枠なものとなっており，各学校にかなりの裁量が認められているからである。

表2－9　特別支援学校における授業時数の取り扱い（文部科学省，2018）

特別支援学校の小学部又は中学部の各学年における年間の総授業時数については，小学校又は中学校の各学年の年間の総授業時数に準じるものとしている。

（3）指導内容・計画

知的障害教育の各教科の内容については，小学校，中学校，高等学校の各教科と比して，生活に必要な内容で構成されており，生活の質を高めることに資する実用性の高い性質を備えている。また表2－10のように，各々の教科の中で段階的に発展する構成がとられている。

表2－10　知的障害教育の各教科の段階的・発展的構成（文部科学省，2018）

児童生徒の成長とともに，生活したり，学習したりする場やその範囲が広がっていくことや，それらのことと関連して，児童生徒が，注意を向けたり興味や関心をもったりする段階から，具体的な事物について知り，物の特性の理解や目的をもった遊びや行動ができる段階，場面や順序などの様子に気付き教師や友達と一緒に行動したりすることから，多様な人との関わりをもてるようにしていく段階などを念頭に置き，より深い理解や学習へと発展し，学習や生活を質的に高めていくことのできる段階の構成としている。

そして，各教科等を合わせた指導，教科別の指導，道徳科，外国語活

動，特別活動，自立活動の時間を設けて行う指導の，いずれの指導の形態においても，以下のように児童生徒の興味や関心，生活を大切にすることになる。

表 2－11　教科別に指導を行う場合の留意点（文部科学省，2018）

> ①　教科別に指導を行う場合
> 指導を行う教科やその授業時数の定め方は，対象となる児童生徒の実態によっても異なる。したがって，教科別の指導を計画するに当たっては，教科別の指導で扱う内容について，一人一人の児童生徒の実態に合わせて，個別的に選択・組織しなければならないことが多い。その場合，一人一人の児童生徒の興味や関心，生活年齢，学習状況や経験等を十分に考慮することが大切である。
> （筆者一部編集）

表 2－12　特別の教科「道徳」の留意点（文部科学省，2018）

> ア　特別の教科　道徳
> 道徳科の指導に当たっては，個々の児童生徒の興味や関心，生活に結び付いた具体的な題材を設定し，実際的な活動を取り入れたり，視聴覚機器を活用したりするなどの一層の工夫を行い，児童生徒の生活や学習の文脈を十分に踏まえた上で，道徳的実践力を身に付けるよう指導することが大切である。
> （筆者一部編集）

表 2－13　外国語活動の留意点（文部科学省，2018）

> イ　外国語活動
> 個々の児童の興味や関心，生活に結び付いた具体的な題材を設定し，児童の発達の段階に考慮した内容を工夫するなどしていくことが大切である。
> （筆者一部編集）

表 2－14　各教科等を合わせて指導を行う場合の留意点（文部科学省，2018）

③　各教科等を合わせて指導を行う場合 知的障害者である児童生徒に対する教育を行う特別支援学校においては，児童生徒の学校での生活を基盤として，学習や生活の流れに即して学んでいくことが効果的である。（筆者一部編集）

小学校・中学校・高等学校の学習指導要領に示された各教科では，生きる力として「何ができるようになるか」を明確化することが求められている。一方，その達成を全国学力・学習状況調査や大学入学共通テストにて全国一斉に測ることも可能な側面をもつ。

それに対し，知的障害教育の各教科は，これまでも述べてきたように，児童生徒の興味や関心，生活年齢，生活の文脈・流れを捉え，指導内容・計画に具現化できる教師の力量があって初めて授業実践が可能となる教科である。よって，前述したように，計画を児童生徒の様子によって修正・発展することができる力量も知的障害教育における教師に求められるといえる。

（4）指導の評価

知的障害教育では“実用性”の高い指導内容を，“生活”を大切にして展開していく。そのため，その評価についても，表 2－15 のように“実用性”の視点から行うことになる。

表 2－15　知的障害教育の指導の留意点（文部科学省，2018）

学校で学習した内容については，家庭生活を含む日常生活の様々な場面で，学習した内容を深めたり，生活の範囲を広げたり，生活を高めたりすることにつながるよう指導することが重要である。

「深めたり」,「広げたり」,「高めたり」は知的障害のある児童生徒の学びの姿のひとつである「学習によって得た知識や技能が断片的になりやすく，実際の生活の場面の中で生かすことが難しい」特徴に呼応したものである。ただし，こうした視点から，評価は児童生徒の学びそのものを評価するよりも，教師の指導方法を評価の対象とするものといえる。これについては，表 2－16 のように示されている。

表 2－16　知的障害教育における指導の評価の観点（文部科学省，2018）

学習した内容を実際の生活で十分に生かすことができるようにするためには，実際の生活や学習場面に即して活動を設定し，その成果を適切に評価して，児童がより意欲的に取り組むことができるように，指導方法等を工夫することが大切である。

これまで述べてきたように，知的障害教育においては,「実際の生活」すなわち，学校生活や家庭生活に即した内容をもって教育活動を設定した上で，児童生徒の生活に“深まり”“広がり”“高まり”が見られたかをもって教師の教育上の力量が問われることになる。

学習課題

1．知的障害とはどのような障害なのかを，その定義や学習上の特性から整理してみよう。
2．知的障害教育の教育実践において，教師が必ず理解しておくべきことについてまとめてみよう。

引用文献

AAIDD『Intellectual Disabilities』2010 年（太田俊己・金子健・原仁・湯汲英史・沼田千妤子〈共訳〉知的障害　日本発達障害福祉連盟　2012 年）

文部科学省『特別支援学校教育要領・学習指導要領解説　総則編（幼稚部・小学部・中学部）』開隆堂出版　2018 年

文部科学省『特別支援学校学習指導要領解説　各教科等編（小学部・中学部）』開隆堂出版　2018 年

Martens, E. H.『Curriculum adjustments for the mentally retarded』1950 年（杉田裕・山口薫〈共訳〉）精神薄弱児のカリキュラム　日本文化科学社　1960 年）

3　知的障害と周辺の障害

坂本　裕

《目標＆ポイント》 知的障害に関連の深い発達障害について，その定義や支援の方向性の基本を学ぶ。それをもとに，自閉症，学習障害，注意欠陥／多動性障害の教育的定義と学校教育場面における合理的配慮の基本を学ぶ。
《キーワード》 発達障害，自閉症，学習障害，注意欠陥／多動性障害

1．発達障害

（1）包括的な概念としての発達障害

発達障害は，第35代アメリカ合衆国大統領J.F.ケネディによる精神遅滞児・者への包括的な支援施策の推進過程で生まれた概念である。日本発達障害学会（2008）はそうした歴史的経緯も踏まえ，発達障害を表3－1のように定義している。

表3－1　発達障害の定義（日本発達障害学会，2008）

知的発達障害，脳性麻痺などの生得的な運動発達障害（身体障害），自閉症者やアスペルガー症候群を含む広汎性発達障害，注意欠陥／多動性障害（多動性障害）およびその関連障害，学習障害，発達性協調運動障害，発達性言語障害，てんかんなどを主体とし，視覚障害，聴覚障害および種々の健康障害（慢性疾患）の発達期に生じる諸問題の一部も含む包括的概念

この定義において注目すべきは発達障害の“発達”が発達期を指すことである。そのため，思春期までの発達の様相に応じた支援を検討する

ことが必須となる。なお，発達障害の対語は障害が生じた時期が発達期以降であることから中途障害となる。

支援の方向性は中途障害との対比から考えると理解しやすい。中途障害者への支援は“リハビリテーション（rehabilitation）”と称され，re（再び），habilitation（社会に参加する・社会を生き抜く），すなわち，障害を受ける前の社会生活の状態に戻るための治療的対応が主となる。それに対し，胎児期から思春期までの発達期までに生じる発達障害への支援は，“ハビリテーション（habilitation）”と称され，社会生活の中で初めて営むことに対し，本人が主体的に取り組めるような支援的対応がその主となる。

思春期までの発達の様相に応じた支援の方向性として，日本発達障害学会（2008）は表３−２の３点を挙げている。

表３-２　発達障害の支援の方向性（日本発達障害学会，2008）

○知的（発達）障害（精神遅滞）と同様の支援が必要である ○中途障害とは，質の異なる，より多くの支援が必要である ○一生涯の支援が必要である （著者一部改変）

まず，「知的（発達）障害（精神遅滞）と同様の支援が必要である」とは，発達障害のある子どもは障害のない子どもよりも実生活の中での経験が，どうしても乏しくなりがちになることへの対応である。取り組みの必要性や重要性を体感できる実際的・具体的な内容から支援を積み上げていくことが必須となる。

そして，「中途障害とは，質の異なる，より多くの支援が必要である」とは，発達障害のある子どもは初めて経験することに取り組むことが多く，目指すところをイメージしたり，見通しをもって取り組むことが難しい。そのため，スモールステップを組んだり，補助用具を使ったりして，成功経験の連続に結びつくようにしていくのである。

さらに，「一生涯の支援が必要である」とは，発達障害には脳の器質的要因が強く関与しているため，一過性ではなく，長期にわたる環境要因の調整が不可欠となることを意味している。支援者には個別の（教育）支援計画のような継続的な支援シートを活用し，支援の一貫性や継続性を確保していくことが求められる。

(2) わが国独自の法律（行政）用語としての発達障害

2005 年 4 月に施行された発達障害者支援法で示された法律（行政）用語としての発達障害は，表 3－3 のように定義されている。

表 3－3　発達障害の定義（発達障害者支援法，2005）

自閉症，アスペルガー症候群その他の広汎性発達障害，学習障害，注意欠陥／多動性障害，その他これに類する脳機能の障害であってその症状が通常低年齢において発現するものとして政令で定めるもの

包括的な概念である発達障害（Developmental Disabilities）とは異なり，限定的な定義がなされた背景には，わが国の障害者施策の根本法である障害者基本法において，2011 年改正までは，障害者を「身体障害，知的障害又は精神障害（以下「障害」と総称する)」としていたため，身体障害，知的障害，精神障害のいずれにも含まれない自閉症等の障害は障害福祉政策の適用外であった。その対策として，議員立法にて発達障害者支援法が制定され，定義に示された障害も障害福祉政策の適用内となったのである。

そして，2011 年改正では，障害者を「身体障害，知的障害，精神障害（発達障害を含む。）その他の心身の機能の障害（以下「障害」と総称する。)」とされた。このことにより，自閉症が精神障害者保健福祉手帳の交付対象になるなど，発達障害は，精神障害と同等の支援を受けられることとなった。

なお，わが国においては，発達障害者支援法制定に伴って，教育界のみならず，報道においても発達障害への注目がこれまで以上に高まった。そうしたこともあってか，わが国においては，特別支援教育に携わる者も含めて，発達障害者支援法における発達障害の限定的な定義が主となっている状況にある。

2. 自閉症

(1) 定義

自閉症（Autism）は，1943年，米国の児童精神科医カナーが11例の早期幼児自閉症を報告したことがその端緒となっている（Kanner, L., 1943)。そして，英国の児童精神科医ウイングは，表3－4の三つ組の障害（triad of impairments）を挙げて，典型的な自閉症からアスペルガー症候群，重度知的障害を伴う者から知的障害がない者までを連続した一続きのものと見なした概念である自閉症スペクトラム障害（Autism Spectrum Disorder）を提唱した（Wing, L., 1996)。

表3－4　自閉症スペクトラム障害における三つ組の障害

○かかわりの障害（相互的な社会関係の質的な障害）
○コミュニケーションの障害（言葉の有無にかかわらず，その社会的使用の欠如）
○こだわりの障害（狭小で反復性のある常道的な行動・関心・活動）

自閉症と高機能自閉症のわが国における教育的定義は表3－5，表3－6のようになされている。

表 3－5　わが国における自閉症の教育的定義
（特別支援教育に関する調査研究協力者会議，2003）

自閉症とは，3 歳位までに現れ，1. 他人との社会的関係の形成の困難さ，2. 言葉の発達の遅れ，3. 興味や関心が狭く特定のものにこだわることを特徴とする行動の障害であり，中枢神経系に何らかの要因による機能不全があると推定される。

表 3－6　わが国における高機能自閉症の教育的定義
（特別支援教育に関する調査研究協力者会議，2003）

高機能自閉症とは，3 歳位までに現れ，1. 他人との社会的関係の形成の困難さ，2. 言葉の発達の遅れ，3. 興味や関心が狭く特定のものにこだわることを特徴とする行動の障害である自閉症のうち，知的発達の遅れを伴わないものをいう。また，中枢神経系に何らかの要因による機能不全があると推定される。

いずれもウイングが自閉症スペクトラム障害を規定するとした三つ組の障害を基に定義づけられている。

（2）合理的配慮

自閉症のある児童生徒に対する学校教育場面における合理的配慮の例を，表 3－7 に示した。いずれも三つ組の障害からの理解ならびに合理的配慮の実施が不可欠となる。なお，この合理的配慮の例は後述するものも含め，すべてを実施すべき配慮として捉えることなく，個々の状態に応じて多様な観点から配慮を検討する際の参考になるものとして捉えることが肝要となる。加えて，合理的配慮は障害者個々の教育権等を保障するための配慮であり，個別にその検討がなされ，合意されることが必須となる。また，その合理的配慮を実施するための基礎的環境整備の検討も不可欠である。ユニバーサルデザインのように，万人に対応可能な予防的配慮とは大きく異なる点に留意すべきである。

表３-７　自閉症への合理的配慮の例
（特別支援教育のあり方に関する特別委員会，2013）

【学習上又は生活上の困難を改善・克服するための配慮】
・自閉症の特性である「適切な対人関係形成の困難さ」「言語発達の遅れや異なった意味理解」「手順や方法に独特のこだわり」等により，学習内容の習得の困難さを補完する指導を行う。（動作等を利用して意味を理解する，繰り返し練習をして道具の使い方を正確に覚える　等）
【学習内容の変更・調整】
・自閉症の特性により，数量や言葉等の理解が部分的であったり，偏っていたりする場合の学習内容の変更・調整を行う。（理解の程度を考慮した基礎的・基本的な内容の確実な習得，社会適応に必要な技術や態度を身に付けること　等）
【情報・コミュニケーション及び教材の配慮】
・自閉症の特性を考慮し，視覚を活用した情報を提供する。（写真や図面，模型，実物等の活用）また，細かな制作等に苦手さが目立つ場合が多いことから，扱いやすい道具を用意したり，補助具を効果的に利用したりする。
【学習機会や体験の確保】
・自閉症の特性により，実際に体験しなければ，行動等の意味を理解することが困難であることから，実際的な体験の機会を多くするとともに，言葉による指示だけでは行動できないことが多いことから，学習活動の順序を分かりやすくなるよう活動予定表等の活用を行う。
【心理面・健康面の配慮】
・自閉症の特性により，二次的な障害として，情緒障害と同様の状態が起きやすいことから，それらの予防に努める。

【校内環境のバリアフリー化】
・自閉症の特性を考慮し，備品等を分かりやすく配置したり，動線や目的の場所が視覚的に理解できるようにしたりなどする。
【幼児児童生徒，教職員，保護者，地域の理解啓発を図るための配慮】
・他者からの働きかけを適切に受け止められないことがあることや言葉の理解が十分ではないことがあること，方法や手順に独特のこだわりがあること等について，周囲の児童生徒等や教職員，保護者への理解啓発に努める。
【発達，障害の状態及び特性等に応じた指導ができる施設・設備の配慮】
・衝動的な行動によるけが等が見られることから，安全性を確保した校内環境を整備する。また，興奮が収まらない場合を想定し，クールダウン等のための場所を確保するとともに，必要に応じて，自閉症特有の感覚（明るさやちらつきへの過敏性等）を踏まえた校内環境を整備する。

3．学習障害（LD）

（1）定義

学習障害（LD）はその歴史的経緯や領域によってさまざまな用語の使われ方をしている。①教育用語としてのLD（Learning Disabilities：学習能力障害），②医学用語としてのLD（Learning Disorder：学習障害），③欧州で使われているLD（Learning Difficulty：学習困難），④米国教育用語としてのLD（Learning Differences：学びの相違）がある（竹田・山下，2004）。

学習障害のわが国における教育的定義は，表3−8のようになされている。

表３−８　わが国における学習障害の教育的定義
（学習障害及びこれに類似する学習上の困難を有する児童生徒の指導方法に関する調査研究協力者会議，1999）

学習障害とは，基本的には全般的な知的発達に遅れはないが，聞く，話す，読む，書く，計算する又は推論する能力のうち特定のものの習得と使用に著しい困難を示す様々な状態を指すものである。 学習障害は，その原因として，中枢神経系に何らかの機能障害があると推定されるが，視覚障害，聴覚障害，知的障害，情緒障害などの障害や，環境的な要因が直接の原因となるものではない。

（２）合理的配慮

学習障害のある児童生徒への学校教育場面における合理的配慮の例を，表３−９に示した。ここにあるように，特定の教科学習が苦手な状態への配慮を行うだけでなく，身体運動の巧緻性を高めたり，心身の安定を図ったりする配慮も不可欠となる。

表３−９　学習障害への合理的配慮の例
（特別支援教育のあり方に関する特別委員会，2013）

【学習上又は生活上の困難を改善・克服するための配慮】
・読み書きや計算等に関して苦手なことをできるようにする，別の方法で代替する，他の能力で補完するなどに関する指導を行う。（文字の形を見分けることをできるようにする，パソコン，デジカメ等の使用，口頭試問による評価　等）
【学習内容の変更・調整】
・「読む」「書く」等特定の学習内容の習得が難しいので，基礎的な内容の習得を確実にすることを重視した学習内容の変更・調整を行う。（習熟のための時間を別に設定，軽重をつけた学習内容の配分　等）
【情報・コミュニケーション及び教材の配慮】

・読み書きに時間がかかる場合，本人の能力に合わせた情報を提供する。（文章を読みやすくするために体裁を変える，拡大文字を用いた資料，振り仮名をつける，音声やコンピュータの読み上げ，聴覚情報を併用して伝える　等）

【学習機会や体験の確保】

・身体感覚の発達を促すために活動を通した指導を行う。（体を大きく使った活動，様々な感覚を同時に使った活動　等）また，活動内容を分かりやすく説明して安心して参加できるようにする。

【心理面・健康面の配慮】

・苦手な学習活動があることで，自尊感情が低下している場合には，成功体験を増やしたり，友達から認められたりする場面を設ける。（文章を理解すること等に時間がかかることを踏まえた時間延長，必要な学習活動に重点的な時間配分，受容的な学級の雰囲気作り，困ったときに相談できる人や場所の確保　等）

【幼児児童生徒，教職員，保護者，地域の理解啓発を図るための配慮】

・努力によっても変わらない苦手なことや生まれつき得意なこと等，様々な個性があることや特定の感覚が過敏な場合もあること等について，周囲の児童生徒，教職員，保護者への理解啓発に努める。

【発達，障害の状態及び特性等に応じた指導ができる施設・設備の配慮】

・類似した情報が混在していると，必要な情報を選択することが困難になるため，不要な情報を隠したり，必要な情報だけが届くようにしたりできるように校内の環境を整備する。（余分な物を覆うカーテンの設置，視覚的に分かりやすいような表示　等）

4．注意欠陥／多動性障害（AD/HD）

（1）定義

注意欠陥／多動性障害のわが国における教育的定義は表3－10のようになされている。その状態像については，「／」の部分が定義において

「及び／又は」と表されているように，不注意症状と多動性－衝動性症状の混合型，不注意優勢型，多動性－衝動性優勢型の 3 タイプに分類される。

表 3－10　わが国における注意欠陥／多動性障害の教育的定義
（特別支援教育の推進に関する調査研究協力者会議，2003）

AD/HD とは，年齢あるいは発達に不釣り合いな注意力，及び／又は衝動性，多動性を特徴とする行動の障害で，社会的な活動や学業の機能に支障をきたすものである。 また，7 歳以前に現れ，その状態が継続し，中枢神経系に何らかの要因による機能不全があると推定される。

なお，現在，発症時期は，米国精神医学会の診断基準（DSM-5, 2013）では 7 歳未満から 12 歳未満に引き上げられている。また，日本精神神経学会（2014）は，注意欠如・多動性障害と用語を変更している。

（2）合理的配慮

注意欠陥／多動性障害のある児童生徒への学校教育場面における合理的配慮の例を，表 3－11 に示した。失敗経験が重ならないように，教室等の環境整備を事前に行ったり，また，課題が生じた際には，大人が即支援し即解決したりするなどして，その子なりの解決策を具体的に教えていくことが必要となる。

表 3－11　注意欠陥／多動性障害への合理的配慮の例
（特別支援教育のあり方に関する特別委員会，2013）

【学習上又は生活上の困難を改善・克服するための配慮】 ・行動を最後までやり遂げることが困難な場合には，途中で忘れないように工夫したり，別の方法で補ったりするための指導を行う。（自分を客

観視する，物品の管理方法の工夫，メモの使用　等）
【学習内容の変更・調整】
・注意の集中を持続することが苦手であることを考慮した学習内容の変更・調整を行う。（学習内容を分割して適切な量にする　等）
【情報・コミュニケーション及び教材の配慮】
・聞き逃しや見逃し，書類の紛失等が多い場合には伝達する情報を整理して提供する。（掲示物の整理整頓・精選，目を合わせての指示，メモ等の視覚情報の活用，静かで集中できる環境づくり　等）
【学習機会や体験の確保】
・好きなものと関連付けるなど興味・関心が持てるように学習活動の導入を工夫し，危険防止策を講じた上で本人が直接参加できる体験学習を通した指導を行う。
【心理面・健康面の配慮】
・活動に持続的に取り組むことが難しく，また不注意による紛失等の失敗や衝動的な行動が多いので，成功体験を増やし，友達から認められる機会の増加に努める。（十分な活動のための時間の確保，物品管理のための棚等の準備，良い面を認め合えるような受容的な学級の雰囲気作り，感情のコントロール方法の指導，困ったときに相談できる人や場所の確保　等）
【幼児児童生徒，教職員，保護者，地域の理解啓発を図るための配慮】
・不適切と受け止められやすい行動についても，本人なりの理由があることや，生まれつきの特性によること，危険な行動等の安全な制止，防止の方策等について，周囲の児童生徒，教職員，保護者への理解啓発に努める。
【発達，障害の状態及び特性等に応じた指導ができる施設・設備の配慮】
・注意集中が難しいことや衝動的に行動してしまうこと，落ち着きを取り戻す場所が必要なこと等を考慮した施設・設備を整備する。（余分なものを覆うカーテンの設置，照明器具等の防護対策，危険な場所等の危険防止柵の設置，静かな小部屋の設置　等）

学習課題

1．発達障害とはどのような障害なのかを，その定義や合理的配慮から整理してみよう。
2．知的障害と自閉症・学習障害・注意欠陥／多動性障害に共通する支援について考えみよう。

引用文献

American Psychiatric Association.『Diagnostic and Statistical Manual of Mental Disorders：DSM-5』Amer Psychiatric Pub Inc 2013年（高橋三郎・大野　裕（監訳）「DSM-5　精神疾患の分類と診断の手引」医学書院　2014年）
学習障害及びこれに類似する学習上の困難を有する児童生徒の指導方法に関する調査研究協力者会議「学習障害児に対する指導について（報告）」1999年
Kanner, L.「Autistic disturbances of affective contact」Nervous Child, 2, 217-250. 1943年
日本発達障害学会『発達障害基本用語辞典』金子書房　2008年
日本精神神経学会精神科病名検討連絡会「DSM-5病名・用語翻訳ガイドライン（初版）」『精神神経学雑誌』116(6)，429-457，2014年
竹田契一・山下　光「軽度発達障害とその幼児期の特徴」『発達』，25，6-12．2004年
特別支援教育の推進に関する調査研究協力者会議「今後の特別支援教育の在り方について（最終報告）」2003年
特別支援教育のあり方に関する特別委員会「共生社会の形成に向けたインクルーシブ教育システム構築のための特別支援教育の推進（報告）」2013年
Wing, L.『The Autistic spectrum』Constable and Company 1996年（久保紘章・佐々木正美・清水康雄（監訳）「自閉症スペクトル」東京書籍　1998年）

4　知的障害教育の教育課程と指導法

太田俊己

《目標＆ポイント》 本章では，知的障害のある児童生徒を教育する特別支援学校の教育課程とその特徴，および授業実践の方法としての指導法全般の特色を学ぶ。また，それらの特色のもととなる知的障害教育特有の「各教科」，および特徴的な指導法の「各教科等を合わせた指導」や「教科別の指導」等について歴史的な経緯を含めて学ぶ。さらにこれらの根拠となる学習指導要領やその解説の関連部分を理解するようにしよう。
《キーワード》 知的障害教育の教育課程，知的障害教育の各教科，知的障害教育の指導法，各教科等を合わせた指導，教科別の指導

1．知的障害特別支援学校の教育課程

教育課程とは，「学校教育の目的や目標を達成するために，教育の内容を児童生徒の心身の発達に応じ，授業時数との関連において総合的に組織した各学校の教育計画である」（特別支援学校学習指導要領解説総則編）といわれる。在学する幼児児童生徒に対し，各学校が責任をもって計画・実践していく教育の中身を意味する。知的障害特別支援学校は，通常の学校の教育課程とも，他障害の特別支援学校の教育課程とも異なる教育課程の特徴がある。以下に具体的に見てみよう。

（1）特徴1　柔軟な教育課程

第一の特徴は，知的障害特別支援学校では，各学校がより主体的に，柔軟に教育課程を編成できるという点である。知的障害特別支援学校で

は，幼児児童生徒の実状に合わせ，かなり柔軟に各学校の主体的な判断で教育課程編成ができる。同じ小学部の週日課表（時間割）でも，図４−１のように学校により特徴が現れることが多い。

理由は，授業時数の原則や学部ごとの配慮事項はあるが，通常の学級とは違って教科ごとの授業時数が定められているわけではなく，児童生徒の実状に沿い，ニーズを満たす，特色のある教育課程にすることができるためである。授業についても，各教科等を合わせた指導といわれる知的障害特有の柔軟な授業実践が可能であり，各学校の工夫次第で，さまざまな授業内容の配分で，児童生徒に合った活動が設定できる。また１日や１週間の中の時間配分も，各校の裁量で柔軟に行えるのである。

（２）特徴２　繰り返しのある日課・生活的な取り組み

特徴の２つ目は，週日課表である。知的障害特別支援学校では，月曜日から金曜日まで，同じ時間帯に同様な授業が設けられることが多い。図４−１のように，学校間の違いはあるが，週の中で同じ時間帯で同じ授業の繰り返しが多いという面では共通する。このような日課は，帯状の日課といわれる。

曜日は違っても同じような活動（たとえば朝の活動，生活単元学習等々）が，毎日，同じ時間帯に設定され，日々繰り返されれば，子どもたちは次の活動への見通しをもちやすい。ものごとの予測に弱い面がある知的障害のある子どもも，自分から次の活動に取り組みやすくなる。こうした帯状の週日課を設けることにより，知的障害のある子どもたちが主体的に学校生活に取り組むことが願われている。

具体的な授業での活動にも特徴がある。知的障害特別支援学校の授業では，座学の抽象的な内容の学習よりも，生活的な意味をもつ活動に，子どもたちは多く取り組む。着替え，朝の集会，配膳，食事，歯磨きな

小学部５・６年（**A校**）

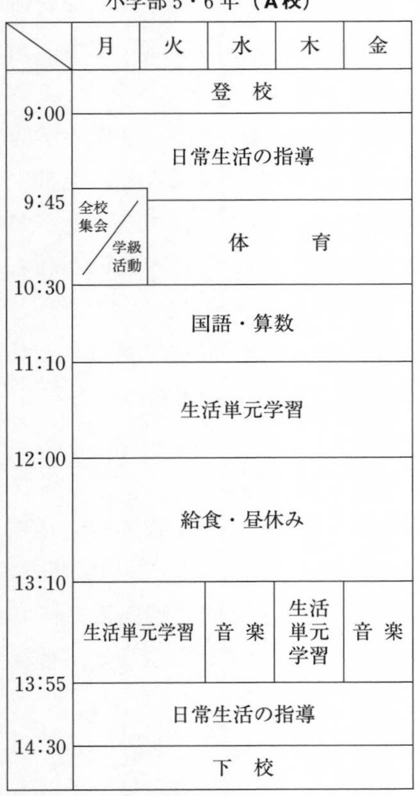

	月	火	水	木	金
	登　校				
9:00	日常生活の指導				
9:45	全校集会／学級活動	体　育			
10:30	国語・算数				
11:10	生活単元学習				
12:00	給食・昼休み				
13:10	生活単元学習		音　楽	生活単元学習	音　楽
13:55	日常生活の指導				
14:30	下　校				

小学部５・６年（**B校**）

	月	火	水	木	金
	登　校				
9:00	日常生活の指導 （着替え・排泄・朝の会・係活動） 課題学習 （国語，算数，自立活動）				
10:15	体　育（朝の運動）				
11:00	生活単元学習			音楽	体育
11:45	日常生活の指導 （給食指導・歯磨き）				
13:20	課題学習 （国語，算数，自立活動）				学級活動
13:45	日常生活の指導 （帰りのしたく・帰りの会）				
14:30	下　校				

図４－１　週日課表

どの生活活動，係活動や遊び，働く作業活動，地域社会との関わりなど，家庭や地域社会生活に生かすことができる，生活的で社会的な意味をもつ取り組みが授業として行われる。学校生活の中で，生活的・社会的な教育活動が多く営まれているのである。

生活的な諸活動は，「各教科等を合わせた指導」といわれる授業～生活単元学習，作業学習，日常生活の指導，遊びの指導等～で取り組まれることが多い。週日課の中で，こうした授業が比重を占めれば，子どもの学校生活は，まさに生活による教育の特徴を備えたものとなる。

各教科等を合わせた指導では，その時期の子どもたちの生活に密接な活動（小学部単元「プールで遊ぼう」，中学部単元「保育園に花ポットを贈ろう」，高等部作業学習単元「和紙のはがき100セットを地区センターに納品しよう」など），また実際の生活に生かすことができる活動（日々の着替え，配膳，歯磨き，昼食後の遊びなど）が多く取り上げられ，子どもの今の学校生活自体を豊かに，また家庭や地域での生活や将来の生活に結び付くことが願われている。このような生活的な要素を含んだ授業により，また日々の繰り返しのある日課で，文字通り生活的に学校生活が営まれる点も知的障害教育の大きな特徴といえる。

（3）特徴３　年代・生活経験および障害等の程度に応じた教育課程

知的障害特別支援学校の各学部（小・中・高等部）の教育課程と指導計画は２つの観点で編成される。１つ目は，児童生徒の生活年齢・年代と生活経験，２つ目は，知的発達や障害等の程度である。

多くの場合，学部段階ごとに，つまり小・中・高等部など児童生徒の生活年齢・年代，生活経験に応じ，将来の社会参加に必要な内容等も考慮し，学部目標に沿った教育課程が編成される。

たとえば，年齢，経験等に即し，小学部では，発達や経験の基礎を培うこと，および家庭や身近な地域社会での生活に生かしやすい内容を入れて教育課程を編成したりする。中学部では，小学部の発展内容を加え，中学生らしい地域社会での生活や近い将来の社会参加，また働く生活に求められる内容を入れて教育課程を組んだりする。高等部では，中学部からの発展内容を加え，卒業後の社会参加や働く生活を具体的目標に挙げながら教育課程を組むなどの例がある。

生活年齢・年代が進むにつれ，知的発達に遅れはあるものの生活経験は広がりをもち，（たとえ発達段階に変化はなくとも）経験を重ねた分，活動の幅やできること，また取り組み方は変わる。年代に応じて，子どもの自己意識も変わり，求められる適応行動や家族や周囲からの期待像も違ってくる。高等部に年代が上がれば，将来の社会参加や働く生活に向けての教育課程も必要になる。このような年齢段階と経験の観点を入れ，また社会参加やキャリア発達も願い，段階的・発展的に教育課程を組むのである。

一方，第二の観点の知的発達や障害等の程度から考えると，生活年齢は同じでも，個々の児童生徒にはその取り組み方や活動に違いが見られたりする。発達や障害に応じ，指導計画や授業での活動内容，単元計画の組み方，題材や教材，配慮と展開等は違ってくるのである。

要約すれば，第一の観点で，子どもたちの年代と経験を基盤に教育課程を組む。一方で第二の観点を入れ，子どもたちの知的発達や障害等の程度を考慮した上で，具体的な指導内容や指導計画の段階では，子どもたち個々の特徴に合わせることが実践の過程に必要となるのである。

このように，学部等の集団としての全体の目標や留意点は押さえつつ，具体的な実践では，支援の個別化や個々への配慮を徹底することが重要になる。知的障害教育における教育課程編成および指導計画作成のベースには，このように年代や経験を踏まえた集団的視点を基本におき，その中の個々の発達的，特徴的な面を，きめ細やかに留意する点（個別化の視点）も，知的障害教育実践の特徴といえよう。

2．知的障害教育における各教科の特徴

（1）生活的教科

知的障害特別支援学校の教育課程の特徴は，上記のように，生活的・

社会的な要素が強いということである。「知的障害」の本質部分に関連し，実際の困難性である「適応行動」の育成を重視する教育課程であり指導法であるといってよいであろう。知的障害教育の目標は，社会の中で自立的で，社会適応的に生活ができるようにということであり，その手だてとして，学校でも生活的な諸活動（適応行動）を重ね，社会生活上の自立度を増すことが願われているのである。

こうしたユニークな教育活動～授業として，生活活動を取り上げ，生活的な授業を組めるのはなぜだろう。学校の「授業」として，教師と共に生活に取り組み，遊び，作業ができる根拠は何だろう。

根拠の一つは，授業の基本要素である教科内容自体が，生活的であるからである。知的障害教育の「各教科」が生活的だからである。

知的障害特別支援学校では，小学部の教科に文字通り「生活」科がある。小学校１・２年生に設けられた生活科よりも早く，教科として生まれたのがこの知的障害特別支援学校向けの「生活」科である。この「生活」科には，生活習慣や生活の諸行動の内容が多く含まれる。各教科等を合わせた指導の一つ，「日常生活の指導」の授業では，朝の着替えや排泄，朝の会，昼食，帰りの会等々が取り上げられる。これら生活の部分に当たる活動が授業として展開できるわけは，生活活動の内容を含む「教科」の「生活」科が設けられているからである。

加えて，「生活」科以外の，知的障害特別支援学校向けに設けられているすべての教科でも，日々の学校生活，また家庭や社会生活，さらに将来の生活に生きる，実際的で生活的・社会的な諸点の内容が含まれているのである。知的障害教育の教育課程と授業を構成する「各教科」それ自体がきわめて生活的であり，生活に根ざし，生活に生かすことのできる特徴（生活中心教育の特徴）をもつのである。

（2）知的障害教育における各教科のルーツ

知的障害教育にこの生活的な性質をもつ各教科が生まれたのには歴史的背景があり，理解する必要がある。時代は，第二次世界大戦敗戦後の教育再興期，1950 年代のことである。

養護学校（現在の特別支援学校）はわずかであり，知的障害特殊学級（現在の特別支援学級）の整備が全国的に進められた。それに伴い，教育内容の補償，つまり公的な教育課程の基準である学習指導要領の整備・策定が行政に求められた。特殊学級や養護学校にふさわしい教育内容を公的に，かつ明確にする必要があったのである。当時の知的障害教育界では，第 1 章で見たバザー単元学習に代表される，実生活に必要な事柄と実地・実際の活動を重視する，生活中心教育の主張が主流であった。一方，通常の教育の教科内容レベルを下げ，指導する実践は，当時，飲料・調味料を水で薄めごまかす商法になぞらえ『水増し教育』と批判された。従来の教科中心の教育を避け，児童生徒のニーズに合わせようとする強い風潮があったのである。

教科色の薄い，生活的な内容を含んだ新たな指導領域の提案もあり，活発な議論がなされた。しかし，法令からは，教育課程編成において「各教科」の存在は前提であった。こうした経緯をたどり，知的障害向けの「各教科」を新規に整備するところとなったのであった。教科を教育課程編成の前提にするとの方針は，全国的に激烈な論議を呼んだ。しかし，結果的に，生活的で従来の教科とは異なる目標・内容をもつ，まったく新たな知的障害向け「各教科」が作られたのであった。

当時の知的障害養護学校学習指導要領解説では，通常の教育の各教科とは全く違った目標・内容をもつ「各教科」が作られたことを述べる一方，この教育内容を実践する際の「授業」の段階では，必ずしも教科ごとに授業をする必要はないことも述べ，必要な教科等を一体的に「合わせて」（もしくは各教科には「分けないまま」の活動として）授業をすることができることとしたのであった。児童生徒のニーズに合わせた当時の実践には影響がないよう，決着を図ったのである。

関連して今日まで続いている基本の実践方式は次である。すなわち，子どもたちに即し，各教科等から「具体的指導内容」を設ける（第一段階）が，実際の「授業」の段階では指導内容を「合わせ」られるので，子どもたちの生活に即して柔軟に実践する（第二段階）のである。この実践上の二段構えの体系は教育課程の二重構造と呼ばれる（図 4－2）。各教科やその他の領域等を合わせて授業ができる根拠は，学校教育法施行規則（第 130 条第 2 項）に示されている。

各教科自体が生活的な性質をもち，日常生活の指導や生活単元学習といった生活的要素の強い「各教科等を合わせた指導」が今も実践されるのは，先人たちの熱気ある実践的論議，そして子どもたちのニーズに合わせ，実際の学校生活を重視する決意があったためなのである。

（3）教育課程編成と週日課表・指導計画

通常の学校の教育課程の編成では，年間の授業日数，および週の基本の時間割（週日課表）から総授業時数を算定し，行事等も考慮しながら，各教科等の総時間を，各月等に配分・整理・集計していくことだろう。全校の行事や活動と学年の諸活動をすり合わせ，前年度の実情も考慮して年間の計画とするであろう。

知的障害の特別支援学校，また特別支援学級でも年間授業日数は算定する。しかし，その後の編成過程は，通常の教育等とは違ってくる。各教科等を合わせた指導，教科別の指導といった授業の形態別に基本の時間割（週日課表）を組み，授業時数を確認し，行事等も含めた年間の指導計画を作成することで，ここでの教育課程編成は山場を終えるのであ

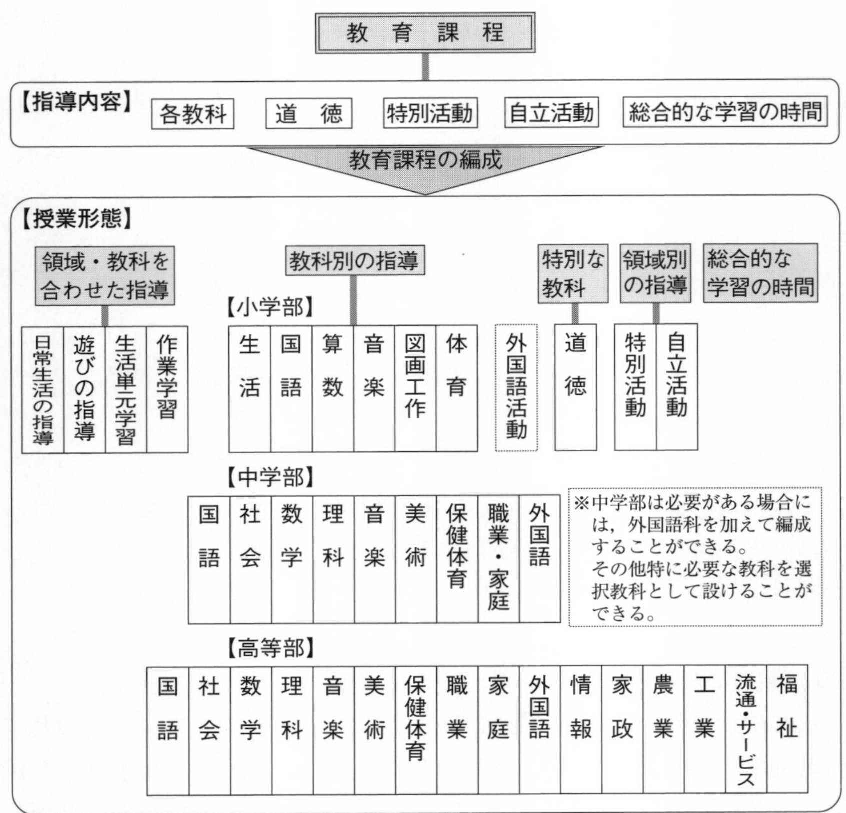

図 4－2　知的障害特別支援学校の教育課程
（静岡県総合教育センター，筆者一部改変）
※指導内容と授業形態の二層に分かれるため，二重構造といわれる。

る。週日課表の授業，つまり週当たりの授業形態ごとに計画し，授業時数を定めれば授業形態ごとの年間計画の基本は定まる。これが実質的な教育課程編成となる実態がある。

一般の教育課程編成と，知的障害特別支援学校での編成に違いがあるのは，知的障害教育では，各教科の指導内容が学年配当ではなく段階（小学部３段階，中学部２段階，高等部２段階）の別に示されているためでもある。具体的な指導内容を決める際，概念的には，まず各段階の目標を勘案し，各教科等の目標・内容をニーズに照らし，児童生徒一人ひとりの適切な指導内容として選定する。その上で，指導計画の段階では，授業の展開内容や活動として，具体的な指導内容を実践的に組織していくのである。改訂された学習指導要領解説では，児童生徒の「教育的ニーズを的確に捉え，育成を目指す資質・能力を明確にし，指導目標を設定」し，指導内容のより一層の具体化を図るとされている。

繰り返しになるが，実際には，個々の児童生徒に即した具体的指導内容を，授業での活動や内容において実践的に組織していく。このため，構想を進めている授業の形態・計画に沿い，個々の指導内容をその中に反映させ，授業実践の展開計画を描き，指導計画を立てていくのである。これらを積み重ね，全体としての教育計画策定を行うことが，教育課程編成（カリキュラム・マネジメント）に連なっていく。

改訂の学習指導要領解説では，「各教科の配慮事項に留意しながら，知的障害のある児童生徒の学習上の特性を踏まえ，育成を目指す資質・能力が育まれるように指導計画を作成していく」としている。また，学習評価を的確に行い，指導計画や教育課程の改訂に結び付けていく必要性についても言及している。留意したい。

（４）各教科と授業の形態・指導法との関係

学習指導要領解説には，指導形態についての説明がある。本章でいう授業の形態や指導法である。今回の改訂では，「各教科等を合わせた指導」，「教科別の指導」，「道徳科，外国語活動，特別活動，自立活動の時間を設けての指導」に区分された。従来は，「領域・教科を合わせた指導」，

「教科別の指導」,「領域別の指導」とそれぞれいわれていた。各教科等を合わせた指導は，複数の教科内容をただ合わせるのではなく，各教科等が混然と一体的に，取り組まれる授業実践である。教科別の指導は，ある教科のみの内容をその教科名の授業として取り上げる実践である。

たとえば，音楽のある内容の指導が適切な子どもがいる。音楽のその指導内容も含んで日常生活の指導（各教科等を合わせた指導）の授業で実践することができる。日常生活の指導「朝の会」で，その子にふさわしい「季節の歌を，楽器で表現しながら，体を動かすなど味わって聴く」（音楽づくりと鑑賞）などである。しかし同じその内容を，「音楽」の時間（教科別の指導）に授業として実践することもできる。

また，日常生活の指導でも実践できる一方，生活単元学習として劇活動で，楽器演奏を入れても実践できるし，遊びの指導で，音楽・楽器遊びとして実践することもできる。

また，同じ日常生活の指導でも，朝の会で音楽を扱ったり，昼食後の遊びの時間に音楽を入れたりもできる。同じ教科別の指導でも，その時間単発で楽器の演奏もできるが,「学校祭」に音楽の授業を関連づけ，学校祭前に同じテーマで演奏を繰り返せば，テーマ「学校祭」として子どもたちの生活はまとまり，さらに意欲的に取り組む授業になるだろう。知的障害教育では，同じ指導内容も，子どもたちのニーズに合わせ，柔軟にさまざまな授業の形で実践することが可能なのである。

この例のように，ある教科の指導内容も，知的障害教育では，教師たちの創意工夫のもと，授業としてきわめて柔軟に，子どもや学級等の状況に応じ実践できる。学校祭の例のように，その時期の学校生活のテーマに関連づけて授業を組むことにより，知的障害教育の授業には，その時期の生活のテーマのもとに，子どもたちの学校生活を主体的で豊かなものにできる可能性が限りなくあるのである。

授業をいかに子どもたちのニーズに沿った，子ども主体の意義のあるものにできるかは，実際には，教師の子ども理解，障害理解や実践力，さらに意欲，工夫などによっている。このため，知的障害教育では特に，①児童生徒の思いやニーズをはじめ，子ども理解についての日常的で，細やかな内省や情報交換，②相互に子どもの見方や実践を高め合う健全な同僚性，さらには，③学校や学部を挙げての授業研究会等，個人や相互の資質や意欲の向上のための組織的な努力と研鑽が求められる。

3．知的障害教育における授業実践・指導法

これまで取り上げた授業の形態，指導法について，学習指導要領解説の概説部分からまとめておこう。

（1）各教科等を合わせた指導

学習指導要領解説では，「各教科，道徳科，特別活動，自立活動及び小学部においては外国語活動の一部又は全部を合わせて指導を行うこと」とされ，「日常生活の指導，遊びの指導，生活単元学習，作業学習など」の指導形態があるとしている。「法的な根拠は，学校教育法施行規則第 130 条第 2 項に」「知的障害者である児童若しくは生徒又は複数の種類の障害を併せ有する児童若しくは生徒を教育する場合において特に必要があるときは，各教科，道徳科，外国語活動，特別活動及び自立活動の全部又は一部について，合わせて授業を行うことができる」と規定されていることによる。

今回の改訂により，「各教科等を合わせて指導を行う場合においても，各教科等の目標を達成していくことになり，育成を目指す資質・能力を明確にして指導計画を立てることが重要となる」ことが加えられた。

(2) 教科別の指導

学習指導要領解説では,「教科ごとの時間を設けて指導を行う場合」を教科別の指導としている。各教科等を合わせた指導でも,各教科の内容の指導を「合わせた」形で行うのであるが,一方,教科ごとの時間を設け,各教科等を合わせないで実践する場合が教科別の指導といえる。同じく解説では,「指導を行う教科やその授業時数の定め方は,対象となる児童生徒の実態によっても異なる。(略) 内容について,一人一人の児童生徒の実態に合わせて,個別的に選択・組織しなければならないことが多い。その場合,一人一人の児童生徒の興味や関心,生活年齢,学習状況や経験等を十分に考慮することが大切である」。「また,指導に当たっては,(略) 各教科の目標及び段階の目標を踏まえ,児童生徒に対しどのような資質・能力の育成を目指すのかを明確にしながら,指導を創意工夫する必要がある。その際,生活に即した活動を十分に取り入れつつ学んでいることの目的や意義が理解できるよう段階的に指導する必要がある」と述べている。さらに「教科別の指導を一斉授業の形態で進める際,児童生徒の個人差が大きい場合もあるので,それぞれの教科の特質や指導内容に応じて更に小集団を編成し個別的な手立てを講じるなどして,個に応じた指導を徹底する必要がある」としている。

従来は,個人差が大きく学力に困難性のある知的障害児童生徒では,各教科で指導すべき指導内容は個々に異なる。そのため具体的内容を個別的に選定すること。また,それらを授業として組織し実践することが基本であった。こう考えると,同一指導内容を前提とした安易な一斉授業は,本来は,知的障害教育の教科別の指導にはなじまない。また,学習評価においても,各授業の学習進度を的確に把握し,細やかな評価を行うことが,教科別の指導の常識であった。この基本に変更はないはずだが,現状はどうであろうか。

教科別の指導は，体育，音楽が比較的多く取り組まれ，国語，算数・数学，図工・美術などが次に多い。生活科は，教科別の指導より日常生活の指導として取り組まれる。高等部には，専門教科としての農業，工業，家政，流通・サービスなどがあるが，座学の教科別の指導のほかに，教科の「実習」として具体的な作業活動等に取り組むことも多い。

(3) 道徳科，外国語活動，特別活動，自立活動の時間を設けた指導

従来は，これらは一括して「領域別の指導」であった。特別の教科「道徳」が設けられ，小学部の外国語活動が可能となったことなどから，学習指導要領解説ではこの表記になった。

その時間を設けて行う指導もできるが，各教科を合わせた指導としてその内容を「合わせた」形で指導することもできる。道徳や特別活動は特に，これまでも各教科等を合わせた指導として扱ってきた。自立活動の場合も，たとえば「こだわり行動」や運動的な「マヒ」がある子どもは，日常生活の指導で「こだわり」に配慮して着替えを指導したり，「マヒ」に配慮して運動遊びを指導したりなど，各教科等を合わせた指導で（個別の指導計画に明記の上），自立活動の内容は実践されたりしている。ここではそれとは別に，自立活動の時間を設けて指導する場合を指している。以下が，学習指導要領解説が挙げる留意事項である。

道徳の時間を設けての指導では，「個々の児童生徒の興味や関心，生活に結び付いた具体的な題材を設定し，実際的な活動を取り入れたり，視聴覚機器を活用したりするなどの一層の工夫を行い，児童生徒の生活や学習の文脈を十分に踏まえた上で，道徳的実践力を身に付けるよう指導することが大切である」。

外国語活動の指導は，小学部3年以上の児童が対象であるが，「個々の児童の興味や関心，生活に結び付いた具体的な題材を設定し，児童の

発達の段階に考慮した内容を工夫するなどしていくことが大切である」。

特別活動の時間を設けての指導では，「個々の児童生徒の実態，特に学習上の特性等を十分に考慮し，適切に創意工夫する」。計画する上では「各教科，道徳科，外国語活動，自立活動及び総合的な学習の時間との関連を図るとともに，障害のある人と障害のない人が共に生きる社会の実現に向けて小・中学校の児童生徒等及び地域の人々と活動を共にする機会を積極的に設けるよう配慮すること」が大切であるとした。

自立活動の時間を設けての指導では「個々の児童生徒の知的障害の状態等を十分考慮し，個人あるいは小集団で指導を行うなど，指導目標及び指導内容に即して効果的な指導を進めるようにすることが大切である」。なお，自立活動については，知的障害以外の障害では，その障害の主たる困難性（視覚障害の「見え」が不自由，聴覚障害の「聴こえ」が不自由など）に対応するものが，自立活動であるが，知的障害の場合には，「知的障害に随伴して」見られる「特定の分野に顕著な発達の遅れや特に配慮を必要とする様々な状態」に対応する点で大いに異なっている。説明を単純化すれば，知的障害に他の障害が重複する部分（上の例では身体的なマヒ），知的障害の困難性以外で特に配慮すべき部分（上述のこだわり）への対応を自立活動とし，知的障害の困難性自体に対応するものは各教科だと理解されている。

学習課題

1．知的障害のある子どもたちの特性を踏まえた教育課程編成上の留意事項について整理してみよう。
2．各教科等を合わせた指導，教科別の指導，道徳科，外国語活動，特別活動，自立活動の時間を設けた指導について，どのような実践か，留意事項を確認したり，他章も参考に，調べてみよう。

3．知的障害特別支援学校が大事にしている内容やポイントを確認し，なぜそれらが必要なのかについて考えてみよう。

参考文献

文部科学省『特別支援学校学習指導要領解説　各教科等編（小学部・中学部）』開隆堂出版　2018 年

全日本特別支援教育研究連盟『教育実践でつづる知的障害教育方法史』川島書店　2002 年

5　指導法①生活単元学習

高倉誠一

《目標＆ポイント》「生活単元学習」とは,「各教科等を合わせた指導」の代表的なものである。本章では,知的障害教育を特色づける指導法ともいえる生活単元学習の意義と特色,実践方法について理解しよう。
《キーワード》 生活単元学習,各教科等を合わせた指導,指導法,実践例

1．生活単元学習とは

（1）生活単元学習の取り組みから

高知市立高知特別支援学校では,学校の畑が荒らされるという出来事が起きた。そのことが地域の新聞に載り,地域の方々から多くの励ましの声やお手紙をいただいた。そこで,中学部の生徒と教師が「何かお礼できることはないか」と,地域の世話人役の方に相談したところ,公民館の庭や団地の花壇の整備をしてほしいという依頼を受けた。公民館の庭は相当荒れており,草むしりだけでは済みそうにない。高齢の館長さんは,好きにやってくれて結構とのこと。

さっそく,学校に戻って作戦会議。「せっかくだから,きれいな遊歩道を作りたいね」,「すてきなベンチを置いたら庭で休めるよ」,「団地の花壇には,かわいいフェンスがあるといいね」,話は盛り上がり,生徒と教師のアイディアは尽きない。教師は,生徒と相談しながらみんなでがんばればできそうなことを計画。中学部生徒 41 名と教師 21 名で,単元「公民館にすてきな庭を,ソフトウェア団地に花だんとミニフェンス

を」の開始である。

関連する活動は，盛りだくさん。草むしりを全員で終えた後は，公民館の庭を整えるグループと，ベンチやフェンスを作るグループの2つのグループに分かれて活動を進める。教師は，どの生徒も活躍できるよう役割や分担を配慮・工夫するとともに，生徒一人ひとりが自分の役割等をしっかりと成し遂げられるように手立てを尽くす。存分に取り組めるように，毎日，午前中の2時間をこのテーマの活動にあて，めいっぱい取り組む。それでも1週間ではとうてい収まらない活動である。約4週間をこの活動にあて，毎日繰り返し取り組む。当初は戸惑っていた生徒も，毎日繰り返す中で，めあて・見通しがもて，自分から自分で取り組む頼もしい姿を見せてくれるようになる。

生徒の代表からなる「実行委員会」は，館長さんとの打ち合わせや，活動の様子を仲間や家族，地域に知らせる単元ニュースの発行のほか，各グループの調整に当たる。最終日には，地域の方をお招きしてサプライズのお披露目会を挙行。地域の人に喜んでもらえた満足感，活動をやり遂げた成就感等々，どの生徒にとっても手応えのある単元活動となった。

(2) 生活単元学習とは

特別支援学校学習指導要領解説（以下，「解説」）では，生活単元学習を，次のように規定している。

「生活単元学習は，児童生徒が生活上の目標を達成したり，課題を解決したりするために，一連の活動を組織的・体系的に経験することによって，自立や社会参加のために必要な事柄を実際的・総合的に学習するものである」

子どもにとって，やり遂げたい生活上の目標や課題（以下，「テーマ」）

があれば，どの子どもも意欲的に主体的に取り組むことができる。自分自身でうまくできる手応えがあれば，さらに熱心に取り組む。テーマやめあてがあり，満足がいく生活ができれば，日々は充実し，より主体的に生活上の諸課題に取り組めるようになる。こうした考え方を取り入れた実践の方法の一つが生活単元学習である。

生活単元学習とは，一定期間，一定の生活上のテーマに沿って，一連の活動に取り組む過程であるとも言える。テーマに沿った一連の活動を単元活動といい，単元活動の計画・展開に関わる教師の支援的対応が指導となる。

生活単元学習では，テーマの実現を目指し活動する過程で，それぞれの子どもが個性と力をめいっぱい発揮し，その子らしい活躍をして，仲間と共に達成感や満足感を味わう。

2．生活単元学習の意義と特色

生活単元学習は，生活上のテーマに関する実際的・総合的な活動に，子ども自身による主体的取り組みを実現することに大きな特色がある。

受動的立場に置かれがちで，主体的に取り組む経験や，成し遂げる体験が少ない子どもたちである。だからこそ，教師の支援的対応のもと，子どもの主体性と，持てる力の最大限の発揮を目指す。

冒頭の例のように，テーマに沿った実際的な活動に，連続的・発展的に取り組めば，めあて・見通しがもちやすい生活になる。めあて・見通しがもてれば，子どもの姿は，ますます，自立的・主体的となる。仲間と共に取り組み，力を合わせて成し遂げることができれば，大きな満足感や成就感を味わうことができる。

生活単元学習を，学校生活の中心に位置付ければ，子どもにとって，今日に満足し，明日を楽しみにする豊かな学校生活を年間を通して実現できる。生活単元学習は，やりようによっては，一授業・一活動にとどまらず，学校生活全体を整え，質の高い日々を生み出すことができる取り組みなのである。

3．生活単元学習のいろいろ

生活単元学習のテーマはさまざまである。生活上のありとあらゆることがテーマとなるからである。毎年繰り返される「学校祭」や「運動会」などの学校行事は，代表的なテーマの例であるが，「いただいたウサギの小屋を作ろう」，「被災地へ見舞品を送ろう」などのように，突発的・偶発的な出来事がテーマとなることもある。その他，「学校の花壇をきれいに」，「壊れたウッドデッキを直そう」など当面の生活上の諸課題がテーマになることもある。いずれにしても，その時期の多くの子どもたちが興味・関心をもつであろうことがテーマとなる。表５−１は，テーマの例を便宜的に活動別で示したものである。このように，生活単元学習は，子どもたちに即して，いかようにも多種多様な取り組みができるのである。

4．生活単元学習の計画

（1）週日課表の設定

めあて・見通しがもちにくいため，規則的でまとまりのある学校生活を必要とする子どもたちである。通常の教育のように，モザイク状に構成された日課は避けたい。そこで，できるだけ月曜日から金曜日まで，生活単元学習を帯状に設定する。このような週日課表の例を図５−１および図５−２に示す。

帯状に設定することにより，子どもにとっては,「次は〜をする」,「明日は〜をする」というように，めあて・見通しがもちやすくなる。毎日

表5－1　生活単元学習のテーマの例

主な活動	テーマの例
遊ぶ活動	「～ランドで遊ぼう」,「乗り物に乗って遊ぼう」,「築山で芝すべり」,「じゃぶじゃぶプールで遊ぼう」
作る活動	「作ろう届けようみんなのカレンダー」,「竹炭を作ろう」,「ウサギ小屋を作ろう」,「手作りプランターを被災地に届けよう」
飼育・栽培	「花いっぱい大作戦」,「メダカがほしい」,「卒業生に花束を」
働く活動	「ひまわりキャンプ場を作ろう」,「しいたけ班の発生舎を作ろう」,「国体の記念品を作ろう」
調理活動	「魚の料理を作ろう」,「喫茶店をしよう」,「レストランを開こう！」
スポーツ・演劇等	「球技大会」,「お楽しみ会で出し物を」,「ブレーメンの音楽隊」
外出や外泊	「歩こう歩こう大山へ」,「花見川にサイクリング」,「房総半島縦断70 km」,「デイキャンプを楽しもう」
学校行事や季節行事	「運動会」,「学校祭」,「お別れ会」,「修学旅行」,「クリスマス会」

活動に取り組むことで，子どもの気持ちも活動も盛り上がる。何度も繰り返す中で，より上手に，よりよく取り組めるようになる。こうして，連続的・発展的に活動に取り組めるようになり，日々が充実する。

思う存分活動できるように，ある程度まとまった時間を確保することも大切である。準備と片付けの時間だけで時間を割かれてしまい，実質の活動時間はごくわずかということにもなりかねない。

（2）年間計画

生活単元学習は，一定のテーマのもと，その時期の生活を豊かにまとめることができる。1年間の生活に節目やまとまりをつけることもできる。年間計画の作成では，その時期に子どもと教師でどんなテーマで生活することがふさわしいか検討し，単元を配置する（図5－3および図5－4）。

<table>
<tr><th></th><th>月</th><th>火</th><th>水</th><th>木</th><th>金</th></tr>
<tr><td></td><td colspan="5">登　校</td></tr>
<tr><td>8：30</td><td colspan="5">日常生活の指導</td></tr>
<tr><td>8：50</td><td>特活</td><td colspan="4">日常生活の指導
課題別学習</td></tr>
<tr><td>9：45</td><td colspan="2">体育</td><td>音楽</td><td colspan="2">体育</td></tr>
<tr><td>10：40</td><td colspan="5">生活単元学習／遊びの指導</td></tr>
<tr><td>11：50</td><td colspan="5">日常生活の指導</td></tr>
<tr><td>12：20</td><td colspan="5">給　　食
昼 休 み</td></tr>
<tr><td>13：20</td><td colspan="2">課題別学習</td><td>日常生活の指導</td><td>音楽</td><td>課題別
学　習</td></tr>
<tr><td>14：15</td><td colspan="2">日常生活の指導</td><td>下校
14：00</td><td colspan="2">日常生活の指導</td></tr>
<tr><td>15：20</td><td colspan="5"></td></tr>
</table>

図 5－1　小学部（3～6 年生）日課表の例
（高知市立高知特別支援学校，平成 24 年度）

<table>
<tr><th></th><th>月</th><th>火</th><th>水</th><th>木</th><th>金</th></tr>
<tr><td></td><td colspan="5">登　校</td></tr>
<tr><td>8：30</td><td colspan="5">日常生活の指導</td></tr>
<tr><td>8：50</td><td>特活</td><td colspan="4">保 健 体 育</td></tr>
<tr><td>9：45</td><td colspan="5">課題別学習</td></tr>
<tr><td>10：40</td><td colspan="5">生活単元学習／作業学習</td></tr>
<tr><td>12：20</td><td colspan="5">給　　食
昼 休 み</td></tr>
<tr><td>13：20</td><td>課題別
学習</td><td>音楽</td><td>日常生活
の指導</td><td>音楽</td><td>総合的な
学習の時間</td></tr>
<tr><td>14：15</td><td colspan="2">日常生活の指導</td><td>下校
14：00</td><td colspan="2">日常生活の指導</td></tr>
<tr><td>15：20</td><td colspan="5"></td></tr>
</table>

図 5－2　中学部日課表の例
（高知市立高知特別支援学校，平成 24 年度）

はじめに，「運動会」等の学校行事など，「全校」で取り組む恒例の単元を配置する。次いで，小学部・中学部等の「学部」単位で取り組む時期を定め，単元を配置する。最後に，「学年」・「学級」単位の単元を配置する。

当初予定していた単元が，突発的・偶発的な出来事をきっかけに変わることもある。子どもの興味・関心が予想を超えて変わることもある。そこで，年度当初の単元や学校行事等，想定できるテーマだけ定めておき，その他の時期の単元のテーマは「X」としておくこともある。その時期の間近になって，具体化を図るというわけである。

1年間の生活で緩急をつけていく視点も大事にしたい。学校全体あるいは学部全体で大きな単元を終えたあとは，すこしゆったりとした学級の単元を設定するなど。単元と単元の間は，切り替えも含めて，数日あけて余韻に浸りながら生活するなどのように。

なお，単元期間は数週間から1年に及ぶものもあるが，あまり長い期間にわたり一つの単元を設定するのは避けたほうがよい。活動が間延びしがちで，子どもにとっても，めあて・見通し，意欲を保ちにくくなる。テーマと活動にもよるが，概ね2〜3週間前後を設定することが多い。

(3) テーマと活動の設定

単元のテーマと活動は，子どもの年齢や様子，思いや気持ち，興味・関心，時期や季節，学校行事等に応じて，さまざまなものが取り上げられる。いずれにしても，大切にしたい視点は，その時期の子どもたちが求めるであろうテーマと活動にすることである。生活単元学習は，子どもの主体的取り組みをなによりも重視するからである。

大切にしたいもう一つの視点は，生活年齢に応じたテーマと活動にすることである。高等部の生徒に，小学部段階で設定されることの多い「〜

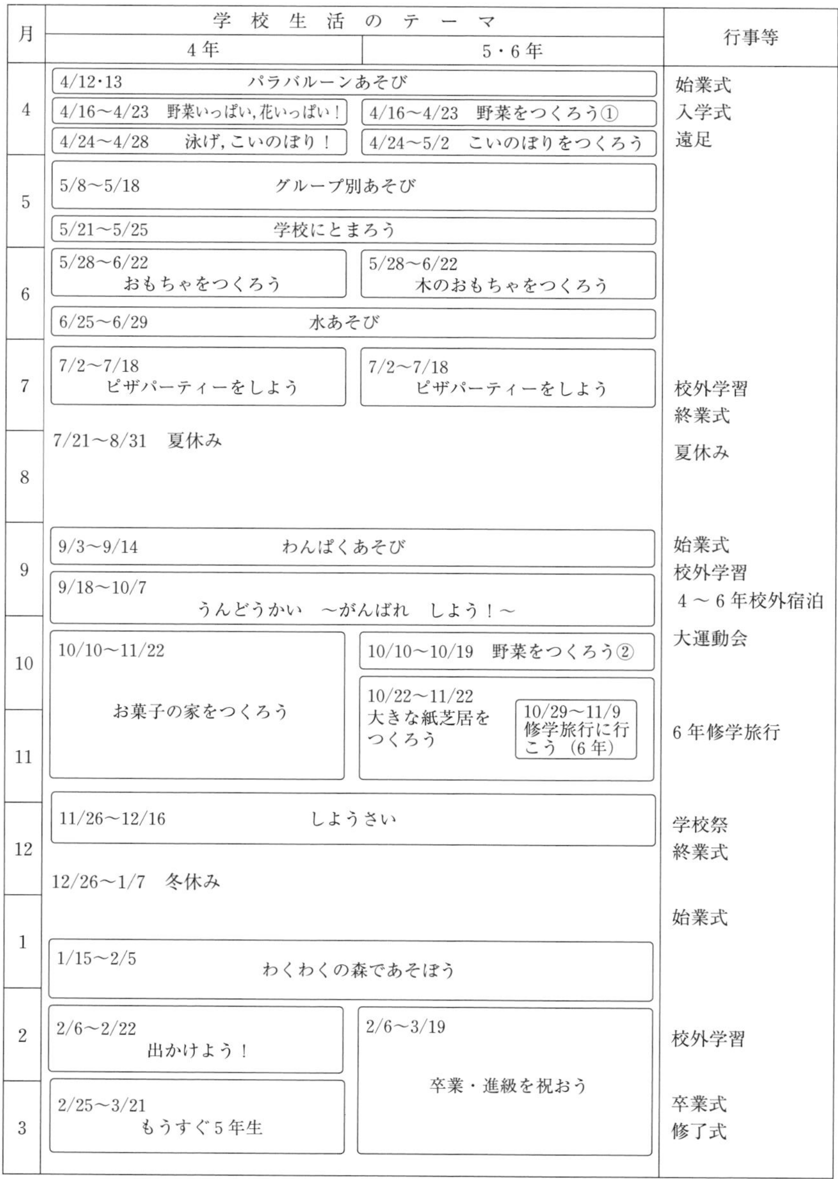

月	学校生活のテーマ 4年	学校生活のテーマ 5・6年	行事等
4	4/12・13　パラバルーンあそび	4/12・13　パラバルーンあそび	始業式
	4/16〜4/23　野菜いっぱい，花いっぱい！	4/16〜4/23　野菜をつくろう①	入学式
	4/24〜4/28　泳げ，こいのぼり！	4/24〜5/2　こいのぼりをつくろう	遠足
5	5/8〜5/18　グループ別あそび	5/8〜5/18　グループ別あそび	
	5/21〜5/25　学校にとまろう	5/21〜5/25　学校にとまろう	
6	5/28〜6/22　おもちゃをつくろう	5/28〜6/22　木のおもちゃをつくろう	
	6/25〜6/29　水あそび	6/25〜6/29　水あそび	
7	7/2〜7/18　ピザパーティーをしよう	7/2〜7/18　ピザパーティーをしよう	校外学習 終業式
8	7/21〜8/31　夏休み	7/21〜8/31　夏休み	夏休み
9	9/3〜9/14　わんぱくあそび	9/3〜9/14　わんぱくあそび	始業式
	9/18〜10/7　うんどうかい　〜がんばれ　しよう！〜	9/18〜10/7　うんどうかい　〜がんばれ　しよう！〜	校外学習 4〜6年校外宿泊
10	10/10〜11/22　お菓子の家をつくろう	10/10〜10/19　野菜をつくろう②	大運動会
11		10/22〜11/22　大きな紙芝居をつくろう 10/29〜11/9　修学旅行に行こう（6年）	6年修学旅行
12	11/26〜12/16　しようさい	11/26〜12/16　しようさい	学校祭 終業式
	12/26〜1/7　冬休み	12/26〜1/7　冬休み	
1			始業式
	1/15〜2/5　わくわくの森であそぼう	1/15〜2/5　わくわくの森であそぼう	
2	2/6〜2/22　出かけよう！	2/6〜3/19　卒業・進級を祝おう	校外学習
3	2/25〜3/21　もうすぐ5年生		卒業式 修了式

図5-3　小学部（4〜6年）の年間計画例
（高知市立高知特別支援学校，平成24年度）

月	学校生活のテーマ							行事等
	生活単元学習				作業学習			
	2A	2B	3A	3B	農耕・リサイクル班	レザークラフト班	裂き織り班	
4	4/11〜20　さあ，2年生のスタートだ		4/11〜20　進級パーティーをしよう					始業式 入学式 春の遠足
5					4/24〜5/24 春野菜を収穫して販売しよう 夏野菜を育てよう アルミ缶をつぶしてトラックいっぱいためよう	4/24〜5/24 売れる製品を作ろう	4/24〜5/24 仕事になれて 売れる製品を作ろう	
6	5/28〜6/8　野市で泊まろう		5/28〜6/8　塩ビスケットを作ろう		6/11〜7/18 ありがとう！　さようなら！ 北の畑！	6/11〜7/18 「手づくりフェア in 市役所」で販売しよう		
7	7/21〜8/31　夏休み							販売会 終業式
8								夏休み
9					9/4〜14 ハーブを植えて，売れるハーブ石けんを作ろう アルミ缶をつぶしてトラックいっぱいためようII	9/4〜14 注文の品を作ろう	9/4〜14 新製品を作ろう	始業式
10	9/18〜10/10　運動会　〜ガンバレ日本！　ガンバレ市特 !!〜				10/11〜31 ミニ販売会でハーブ石けんを売ろう 本宮町公園にチューリップを植えよう アルミ缶をつぶしてトラックいっぱいためようIII	10/11〜31 扇子カバーを 納品しよう	10/11〜31 ミニ販売会を しよう	大運動会
11	11/1〜16　くん製ドッグ屋さんを開店しよう		11/1〜16　修学旅行へ行こう					3年修学旅行
12	11/19〜12/18　市養祭				市養祭で販売しよう			学校祭 終業式
	12/26〜1/7　冬休み							
1	1/9〜2/8　公民館にすてきな庭を，ソフトウェア団地に花だんとミニフェンスを							始業式
2					2/12〜3/1 年度末ミニ販売会でハーブ石けんを売ろう	2/12〜3/1 年度末ミニ販売会をしよう		
3	3/4〜12　思い出に残るお別れ会にしよう		3/4〜12　卒業制作をしよう					卒業式 修了式
	3/13〜21　卒業・進級を祝おう		3/13〜21　卒業に向けて					

図5-4　中学部（2・3年）年間計画例（高知市立高知特別支援学校，平成24年度）

ランドで遊ぼう」というテーマ・活動はふさわしくない。一方，子どもが求めていることと，教師が子どもに必要と考えることが，時に一致しないこともある。その場合には，その年齢の，その時期の子どもが求めてもよいはずのテーマ・活動と判断し実践することもあってよい。

「その年齢の，その時期の子どもが求めるテーマ・活動」とは，子どもの目線に立って活動を計画するということである。たとえば，単元「つゆのころ」というテーマで，「雨が降っていることを知る」，「室内で，雨の日の遊びをする」，「カビや，物の腐ることを学習する」などの活動を設定したとする。子どもの発想からは出てきそうもないテーマ・活動である。テーマが抽象的でめあてがもちにくいばかりか，子どもには関連の薄い活動が混在していて，主体的に活動できそうにない。

なお，テーマと活動の設定に当たっては，上述の例のように，教科等の内容を習得するための単なる手段とすることは避ける。生活単元学習では，子どもたちが主体的に生活上の目標や課題を達成したり，解決するための活動に取り組む過程で，結果として，いろいろな領域や教科等の内容が習得されると考えることが大切である。

（４）単元展開－単元の進め方と日程計画

単元展開の立案では，テーマを実現する上で必要な活動，関連する活動を日程に沿って位置付け，計画する。こうした単元展開上の計画は単元の「日程計画」となって具体化される。日程計画では，次の諸点が考慮される。いずれも，どの子も主体的に，思いと力の発揮を願っての手立てである。

○めあて・見通しがもちやすいように

○意欲や期待感が高まるように

○意欲が持続し，気持ちが盛り上がるように

○単元に関連した活動を組み込み，単元一色の生活となるように
○やり遂げた満足感・成就感が味わえるように
○繰り返し活動できるように
○存分に活動するように　　など

冒頭例の単元「公民館にすてきな庭を，ソフトウェア団地に花だんとミニフェンスを」の進め方の工夫・手立てと日程計画をそれぞれ表5－2と図5－5に示す。

表5－2　単元活動の進め方の工夫・手立ての例
単元「公民館にすてきな庭を，ソフトウェア団地に花だんとミニフェンスを」
（高知市立高知特別支援学校中学部，平成25年1～2月）

・単元開始前から，公民館を利用したり，庭づくりやベンチ・フェンス作りのことなどを話題にしたりして期待感が高まるようにする。
・単元開始前から，実行委員が中心となって，公民館長さんやソフトウェア団地の方と打ち合わせを進め，打ち合わせた内容や日程計画などを仲間に伝える。また，実行委員が完成予想図やベンチ・フェンスの見本を発表するなどして，見通しをもつとともに期待感が高まるようにする。
・全校や家庭，地域で話題となるように，実行委員会が中心となって，単元ニュースを発行し，家庭に持ち帰ったり，地域の掲示版に掲示したりする。
・毎週木曜日に実行委員会を開き，各グループの取り組みの様子や進行状況を伝え合い，雰囲気を盛り上げる。
・単元開始から，すぐに2グループに分かれ，実際的な活動に取り組む。そうすることで，繰り返し活動できるようにするとともに，全体の勢いをつけていく。
・単元期間中は，学級の時間に完成品作りや「完成披露パーティー」の準備などの単元に関わる活動を行い，この時期の生活が単元一色の生活になるようにする。

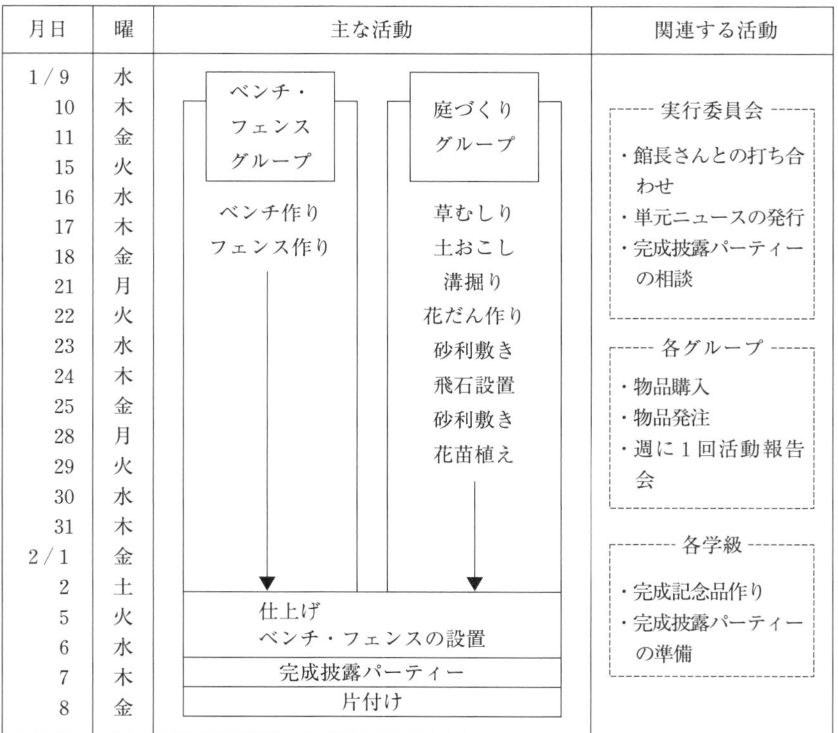

図５－５　日程計画の例
単元「公民館にすてきな庭を，ソフトウェア団地に花だんとミニフェンスを」
（高知市立高知特別支援学校中学部，平成25年１～２月）

5．実践上の要点

（1）必要不可欠な「できる状況づくり」

生活単元学習では，テーマに沿った活動に，どの子どもも自分から，自分でめいっぱい取り組む姿の実現を目指す。

知的障害は生活・活動の諸側面に支援を必要とする障害である。子どもの自立的・主体的な姿の実現を目指せば，学校での生活・活動そのものを対象とした包括的な配慮や手立てを講ずることが不可欠となる。

知的障害教育では，このような配慮や手立てを「できる状況づくり」と説明することが多い。この「できる状況づくり」は，単元テーマと活動を錬る段階から始まっているものであるし，週日課表，年間計画，日程計画の配慮・手立ても，すべて「できる状況づくり」に含まれる。

(2)「できる状況づくり」の具体化

できる状況づくりを具体化するに当たって，次のような視点を大切にしたい。

1つ目は，指導・訓練してできるようにするのではなく，「今の子どもの状態で」できるようにすることである。2つ目は，活動のできにくい子ども，重い障害のある子どもだけでなく，どの子も「よりよく」取り組めるような観点から，どの子にもできる状況づくりを講じるということである。3つ目は，どの子も「同時に」主体的なよい姿で取り組めるようにすることである。個人差の大きい子どもたちだからこそ，テーマに沿った活動に，どの子も活動に参加し，力を発揮できる状況づくりが必要となる。4つ目は，テーマに沿った活動に，「教師も共に取り組む」ことである。教師もテーマ・活動を共にしながら，子ども主体の活動となるように，さりげなく支えることが必須となる。

ここでは，テーマや活動が概ね定まり，次の段階として，個々の子どもへの「できる状況づくり」を検討する諸点について述べる。

①　分担や役割等の検討

一人ひとりの子どもを想定し，それぞれの子どもが得意な活動，できそうな活動，好きな活動，がんばればできそうな活動，子ども本人が希望しそうな活動を考慮し，分担等を検討する。冒頭例の単元における，

「ベンチ・フェンスグループ」の個別の指導計画を表5－3に示す。フェンス作りだけでも工程は複数あり，活動内容は多様である。子どもの様子に応じて分担等を割り振るようにする。

遊びの場合などは，子どもが好きな遊びを選択できるよう，事前に多様な遊びを用意しておくことが大切となる。すべり台であれば，スリルを楽しみたい子どもには傾斜のあるすべり台を，慣れていない子どもには，ゆるやかな斜面のすべり台を同時に設置するというように（第7章図7－2参照）。

②　活動グループの編成

大人数での取り組みになるときは，子ども一人ひとりの様子や，仲間や教師との関わり等を考慮して，グループ編成を行うこともある。子どもにとって活動が焦点化され，よりめあて・見通しがもちやすくなる。冒頭例の単元は，「庭づくり」，「ベンチ・フェンス」と活動の種別でグループ分けを編成している。

③　活動の繰り返し

できるだけ，一定の活動に繰り返し取り組めるようにする。障害の重い子どもにとっては，めあて・見通しがもちやすくなる。自分から取り組みやすくもなる。障害の軽い子どもにとっては，より早く，より上手に取り組めるようにもなる。調理等の活動でも同様である。日替わりにメニューを変えるよりは，具や味付けを変えるなど工夫して，同じ手順で作るメニューを繰り返すほうがよい。

④　活動の場の設定

活動の流れや活動のしやすさを考慮して，場の設定をする。例の単元のベンチ・フェンス作りであれば，場を工程順に配置すると活動が流れやすく，子どもにとってわかりやすくなる。仲間同士が見合える配置にすると，一体感が高まる。同様に，遊びの活動でも，仲間が自然と関わ

表 5－3　個別の指導計画の例
単元「公民館にすてきな庭を，ソフトウェア団地に花だんとミニフェンスを」
（高知市立高知特別支援学校中学部，平成 25 年 1 ～ 2 月）

分担		生徒	様子	ねがい	手立て
フェンスグループ	組み立て	I さん 1 年 男	・集中が最後まで続かないときがあるが，リズムよく作業に取り組んでいる。	・型にはめる作業を最後まで集中して続けてほしい。	・材料はめ込み式の補助具を用意しておく。 ・時間いっぱい取り組めるように，様子を見て「どんどん組み立てよう」などと声をかける。
		J さん 1 年 男	・周りの生徒が気になり，手が止まることが多いが，パズル感覚で材料をはめ込むことができている。	・手元を見て，作業できる時間を増やしてほしい。	・正確にはめ込めるように，はめ込み式補助具に色をつけ，長さの違う材料を色別に分けておく。
		K さん 1 年 男	・次の組み立てに移るのに時間がかかるが，丁寧に組み立てている。	・ペースを上げて，次々と組み立ててほしい。	・材料をまとめて近くに置いておく。 ・ボンドを塗る位置がわかるようにはめ込み式補助具に色をつけておく。
		L さん 1 年 男	・材料が少なくなってくると，集中が途切れることがあるが，手際よく釘打ちができている。	・時間いっぱい作業を継続してほしい。	・時間いっぱい取り組めるように材料をたくさん用意しておく。 ・できあがったフェンスは積み上げていき，仕上げた量が確認できるようにする。
		M さん 1 年 女	・集中が途切れることがあるが，手際よく作業に取り組んでいる。	・ペースよく釘を打ち続けてほしい。	・次々と釘打ちができるように，材料をたくさん用意しておく。 ・時間いっぱい取り組めるように，様子を見て「その調子でどんどん打とう」などと声をかける。
	塗装	N さん 1 年 男	・塗り続けることは難しいが，ハケを持って塗ることができている。	・手元を見て，塗り進めてほしい。	・手元を見て塗ることができるように，作業台の高さを調整しておく。 ・塗りやすいように，扱いやすいハケを用意しておく。 ・様子を見て声をかけたり，手を添えたりする。
		O さん 1 年 男	・時々塗り残しがあったり，集中が途切れることがあるが，手際よく塗り進めることができている。	・塗り残しがないように，丁寧に塗り続けてほしい。	・塗りやすいように塗装用回転台を用意しておく。 ・塗り残しがないように一緒に塗り具合を確認し合う。
		P さん 1 年 男	・集中して最後まで塗り続けることは難しいが，ハケを持って，塗ることができている。	・できるだけ継続して，塗装作業に取り組んでほしい。	・塗りやすいように塗装枠を用意し，作業台の高さを調節しておく。 ・様子に応じて励ましの声をかける。

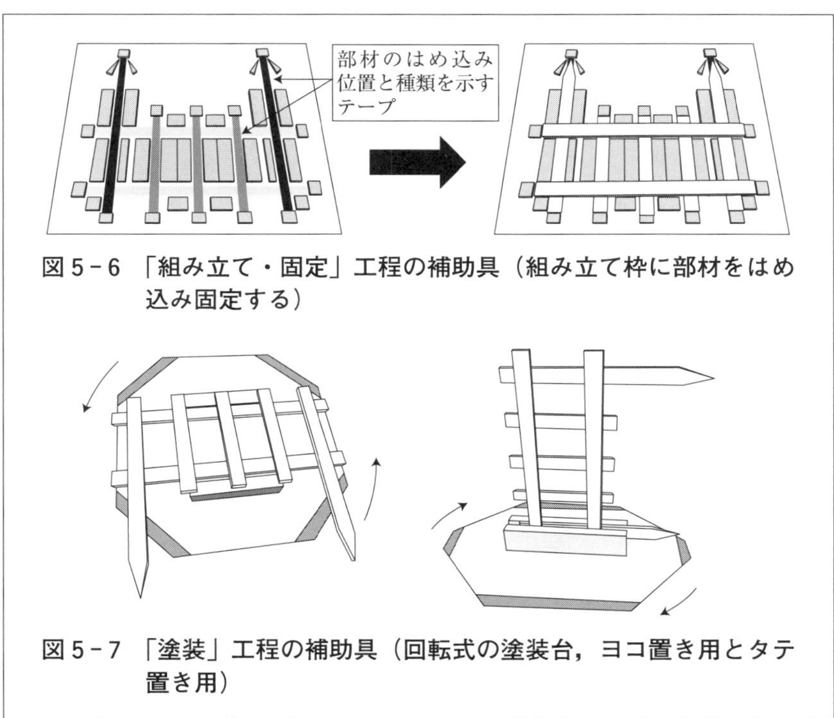

図5-6　「組み立て・固定」工程の補助具（組み立て枠に部材をはめ込み固定する）

図5-7　「塗装」工程の補助具（回転式の塗装台，ヨコ置き用とタテ置き用）

単元「公民館にすてきな庭を，ソフトウェア団地に花だんとミニフェンスを」（高知市立高知特別支援学校中学部，平成25年1～2月）

り，一体感がもてるような場の設定を行うこともある。たとえば，すべり台の上の踊り場を広くとったり，子どもの動きの動線を考慮して，うまく合流点を作ったりするなどのように。

⑤　遊具・道具・補助具等の工夫

子どもの体の動きや体格に合わせて，道具の大きさを変えたり，机や椅子の高さ等を調整するだけでも，よい姿の取り組みにすることができる。さらに道具・補助具等も含め，徹底して使いやすくする工夫も大事である。図５−６はフェンスの「組み立て・固定」の補助具，図５−７は「塗装」の補助具である。工夫次第で活動に取り組みやすくなるばかりか，より正確に，より上手に，より多く作ることが可能になる。

⑥　活動量の確保

どの子どもも，めいっぱい取り組めるだけの活動量を確保する。子どもが活動に手応えを感じられる状況をつくることができれば，子どもは多少の活動量をものともせず力を発揮し，たくましい姿を見せてくれるようになる。

⑦　教師も共に取り組む

これは，「できる状況づくり」の最も有効な手立てであり，生活単元学習において，教師に求められる本質的な姿勢でもある。

教師が子どもとテーマを共有し，共に活動することは，子どもにとっての何よりの励ましとなり，支えになる。共に活動することで，子どもの思いや必要な支援についても感じ取ることができる。共に活動することで，活動も盛り上がり，満足感・成就感も大きくなる。

教師が腕組みして監督然としているような雰囲気では，子ども主体の活動にはなり得ない。一方，「子どもにしてあげる」，「していただく」対応でも，子どもは主体的な姿となりにくい。子どもと共に活動しながら，励まし，さりげなく支える教師であることが求められる。

学習課題

1．子どもの頃に夢中になった遊びや活動を振り返り，特別支援学校等でのテーマ設定と単元計画を想起してみよう。たとえば，「空き地に秘密基地作り」など。

2．その単元活動で，知的障害のある子どもが主体的に活動に取り組めるようにするためには，どのような配慮や手立てが必要か考えてみよう。

参考文献

小出　進『生活中心教育の理念と方法』ケーアンドエイチ　2010 年
文部科学省『特別支援学校教育要領・学習指導要領解説　総則等編（幼稚部・小学部・中学部）』開隆堂出版　2018 年
高知市立高知特別支援学校『研究発表会　開催要項・支援案』2013 年
文部科学省『特別支援学校学習指導要領解説　各教科等編（小学部・中学部）』開隆堂出版　2018 年

6　指導法②作業学習

高倉誠一

《目標＆ポイント》 作業学習は，「各教科等を合わせた指導」の一つであり，主に青年期にある生徒を対象に，中学校の知的障害特別支援学級や，知的障害特別支援学校の中学部・高等部で行われる。

作業学習には，校内で行われるいわゆる「作業」や「校内実習」と，働く場を校外に移して行われる「産業現場等における実習」（現場実習や職場実習とも呼ばれる）がある。本章では，校内の「作業」について取り上げる。作業学習の意義や特色，実践方法について理解しよう。

《キーワード》 作業学習，各教科等を合わせた指導，指導法，実践例

1．作業学習とは

（1）作業学習の取り組みから

ある年の秋の実践を紹介しよう。船橋市立船橋特別支援学校では，学校祭「いちよう祭」に向けて，中学部・高等部合同で取り組む。単元初日には，学校のフェンス沿いに宣伝パネルを設置，学校祭への意気込みを高め合う。「いちよう祭」の目玉はなんといっても，作業製品の頒布会（一般には「販売会」。以下「販売会」）。中学部からは作業班ごとに5店舗，高等部からは9店舗出店する。その他，学校外からの出店も含めると約40店舗が連なる。地域の人も楽しみにしており，例年多くの来場者を迎える一大イベントとなっている。

昨年に引き続き，製品の質，店構えや陳列方法，接客や宣伝方法等を競い合う「ショップアワード」なども開催。どの店も工夫を凝らす。

高等部の「紙すき班」では，この時期の売れ筋製品「カレンダー」の製作に力を入れる。今年は，新製品の大型壁掛けカレンダーもラインナップに加え，一押し製品として店のセンターに陳列する。

カレンダーのほかに，人気の定番製品を含め，製品数900個を用意。生徒9名と教師6名は，紙をすく材料である紙料を作るグループ，和紙をすくグループ，製品に仕上げるグループに分かれ，たくさんのお客さんが来店することを楽しみに，作業に打ち込む。生徒だけでなく，教師も一工程を担い，紙すき班全員一丸となって取り組む。

製品を手に取ったお客さんに喜んでもらえるよう，紙料には本格的な楮（こうぞ）を使い，より質高く，より多く製作できるよう各工程の見直しや補助具の改良も行う。お客さんへの対応も抜かりなく，外部講師を招き，接客のポイントを学び，当日に発揮できるよう備える。

「いちよう祭」が近づき，製品数が増えてくるにつれ生徒が作業棟に向かう時間も早まる。終了時刻を過ぎても「切りのいいところまで」と，作業に没頭する生徒の姿も。

こうして当日を迎えた「いちよう祭」。用意した製品のほとんどがお客さんの手に。仲間と作業活動をやり遂げた成就感，多くの人に喜んでもらえた満足感等々，やりがいと手応えいっぱいの単元となった。

（2）作業学習とは－その意義と特色

特別支援学校学習指導要領の解説（以下，「解説」）では，作業学習について，次のように規定している。

「作業学習は，作業活動を学習活動の中心にしながら，児童生徒の働く意欲を培い，将来の職業生活や社会自立に必要な事柄を総合的に学習するものである」

卒業後は，働く生活が中心となる。働く意欲を培うには，なによりも生徒自身が働くことのやりがいや手応えを感じることが大切となる。

働くやりがいや手応えは，生徒自らの主体的取り組みによってこそ得られる。だから，作業学習では，本格的な働く活動に，生徒の主体的な取り組みの実現を図る。販売会や納品といった目標やテーマの実現に向け，仲間と共に，「できた」，「やれた」，「がんばった」，「やりきった」等々の味わいや経験を積み重ねることにより，将来の生活に必要な知識・技能・態度等を含め，総合的に学習しようとするものである。

作業学習で取り扱われる作業活動の種類は，農耕，園芸，紙工，木工等多種多様であるが，当該作業種での就労に向けて，資格取得や技能等を身に付けることを目的とするのではない。また，就労に必要な知識・技能・態度等の育成のみを目的とするものでもない。「解説」が示すように，作業学習の成果を直接，児童生徒の将来の進路等に直結させることよりも，児童生徒の働く意欲を培いながら，将来の職業生活や社会自立に向けて基盤となる資質・能力を育むことができるようにしていくことが大切である。

作業学習では，仲間と共に取り組むことを大切にする。仲間と共に成し遂げることは，働く活動の大きなやりがいや手応えの一つであるからである。働く活動は元来種々の活動を含む。生徒の障害の状態等が多様であっても，役割や分担，個々の生徒への支援を工夫することにより，同じ目標やテーマのもと，それぞれが力を発揮しつつ，共に取り組むことができる。

作業学習を学級・学校生活の中心に据え，生徒がテーマや目当てをもって自ら取り組む日々になれば，学校で青年期らしくたくましく生活する姿が期待できる。作業学習は，学校生活の充実を図りつつ，卒業後の生活に円滑につなげていく役割・機能ももつのである。

2．作業学習の計画

（1）作業種目の選定

作業種目は，農耕，園芸，紙工，木工，縫製，織物，金工，窯業，セメント加工，印刷，調理，食品加工，クリーニング，リサイクルなどのほか，販売，清掃，接客，工場からの受注作業など，多種多様である。

作業種目の選定では，生徒数，教師数，作業室や農耕用地の数や広さ，施設設備等の条件，地域の特色等を考慮して，作業種目の選定を行う。

「解説」では，「作業学習の指導に当たっては，以下のような点を考慮することが重要」として，次の６事項を挙げている。作業種目の選定要件とも重なる事項でもある。

(ア) 児童生徒にとって教育的価値の高い作業活動等を含み，それらの活動に取り組む意義や価値に触れ，喜びや完成の成就感が味わえること。

(イ) 地域性に立脚した特色をもつとともに，社会の変化やニーズ等にも対応した永続性や教育的価値のある作業種を選定すること。

(ウ) 個々の児童生徒の実態に応じた教育的ニーズを分析した上で段階的な指導ができるものであること。

(エ) 知的障害の状態等が多様な児童生徒が，相互の役割等を意識しながら協働して取り組める作業活動を含んでいること。

(オ) 作業内容や作業場所が安全で衛生的，健康的であり，作業量や作業の形態，実習時間及び期間などに適切な配慮がなされていること。

(カ) 作業製品等の利用価値が高く，生産から消費への流れと社会的貢献などが理解されやすいものであること。

なお，特別支援学校では，生徒数に応じて，複数の作業班が設けられることが一般的である。冒頭例の学校の場合は，高等部の生徒数が100名を超えるので，園芸班，紙すき班，手工芸班，食品加工班，手織り班，農耕班，縫工班，木工班，窯業班の9つの作業班が設けられている。

(2) 作業班編成

それぞれの作業班を，どの生徒と教師で構成するか。すなわち，作業班編成に当たっては，生徒と保護者の希望や生徒の適性等を考慮して決める。その際，能力別の作業班編成は避けるようにする。作業に困難性のある生徒を集めた作業班を設けても，まとまりや活気のある班とすることが難しくなったり，製品・生産物等を通しての地域との関わりも困難になったりするからである。先の「解説」が示す「(エ) 知的障害の状態等が多様な児童生徒が，相互の役割等を意識しながら協働して取り組める作業活動を含んでいること」を踏まえれば，それぞれの生徒がハンディを補い合って，仲間と共に取り組む作業活動になるよう，手立てを講ずる必要がある。

生徒の作業班への所属期間については，1年間は，同じ班で取り組むことを原則としたい。多様な経験をということで，所属班を短期間で変えることは，仕事のやりがいや手応えが感じられにくいばかりか，技能等も身に付きにくくなるからである。

(3) 週日課表の設定

作業学習の週日課表の位置付け方は，学級・学校によりさまざまであるが，生徒主体に取り組む日々を実現しようとすれば，作業学習を軸とする日課になるようにする。「解説」では，知的障害のある児童生徒の学習上の特性等を踏まえ，基本的教育的対応の一つとして，「児童生徒が，自ら見通しをもって主体的に行動できるよう，日課や学習環境などを分かりやすくし，規則的でまとまりのある学校生活が送れるようにする」とある。1日の生活の流れの中に，作業学習を毎日同じ時間に位置付けることで，生徒が主体的に取り組める状況になるばかりでなく，まとまりと規則性のある生活が実現できる。

図6－1および図6－2は，冒頭例の学校の中学部および高等部の週日課表である。いずれも作業学習を1日の中で，最も活動しやすい時間帯に，月曜日から金曜日まで帯状に設定している。こうすることで，生徒にとって1日の日課が理解しやすくなるばかりでなく，生徒が連続的・発展的に活動に取り組めるようになる。

曜日／時間	月	火	水	木	金
9：00～9：50	着替え・学級活動・掃除				
9：50～10：40	保健体育／自立活動				
10：40～12：00	生活単元学習／作業学習				
12：00～13：20	昼食・学級活動・自立活動				
13：20～14：20	生活単元学習／作業学習				
14：20～14：50	着替え・学級活動				

図6－1　中学部週日課表の例
（船橋市立船橋特別支援学校，平成25年度）

曜日／時間	月	火	水	木	金
9：00～9：20	日常生活の指導（着替え）・ホームルーム				
9：20～10：10	保　健　体　育　（自立活動）				
10：10～12：00	作　業　学　習				
12：00～13：05	日常生活の指導（昼食・昼休み）				
13：05～14：00	市船タイム／学年・学級（自立活動）				生徒会活動
14：00～14：25	日常生活の指導（清掃・着替え）				
14：25～14：50	ホ　ー　ム　ル　ー　ム				

図6－2　高等部週日課表の例
（船橋市立船橋特別支援学校，平成25年度）

（4）作業学習の単元化と年間計画

高等部段階になると，年間を通して恒常的・継続的に作業学習に取り組むことが多くなるが，生徒にとってのめあて・見通しを確保しないと，ただ作業活動を強いるだけの時間になってしまう。

そこで，生徒が意欲的に作業活動に取り組めるよう，作業学習の単元化を図る。単元化とは，折々の作業活動にテーマを設定し，その実現を目指して，一連の活動に取り組み，成し遂げられるようにすることである。

図6－3は，高等部の年間計画である。「いちよう祭」は学校祭での販売会，「市船市」は地域の住民を対象とした作業班合同の販売会である。その他，作業班ごとに販売会や納品をテーマとした単元もある。取り組むテーマを明確にすることで，生徒はめあてをもって意欲的に作業活動に取り組むことができる。単元のテーマは，作業活動の必要性に応じても設定される。「園芸班」や「農耕班」では，「種まき」，「作付け」といったテーマも見ることができる。

こうした生活を年間を通じて実現できるようにする。年間計画では，学校祭での販売会や，作業班合同での販売会等の恒例の単元，また産業現場等の実習等，毎年繰り返される単元を定め，次いで，作業班ごとの単元を配置する。このようにすることで，1年間の作業学習を節目あるものに整えることができる。

なお，年間計画では，毎年繰り返される学校祭などは比較的定めやすいが，年度当初の段階では，取り組むテーマがはっきりしないこともある。そこで，計画段階では，テーマを「X」としておき，その時期になって単元のテーマを具体化することがあってよい。

月	園芸班	紙すき班	手工芸班	食品加工	手織り班	農耕班	縫工班	木工班	窯業班
4 5	覚えよう!園芸班の仕事	「新生紙屋船橋」開業！	2013手工芸班スタート！	先生方への校内注文頒布	「織～布」2013オープン！	トウモロコシ・枝豆・里芋の作付け	体育祭に向けてコースターの納品	木工班の仕事を覚え，校内頒布会で製品を売ろう	窯職人になろう
5 6	産業現場等における実習								
6 7	「はなや and 織～布」オープン！ in JUJUきたなら	名刺の納品～市役所&総合教育センター	「ひだまり」開店 in イオン津田沼夏の市	「スイーツ工房」開店！ in イオンモール津田沼	「織～布 and はなや」オープン！ in JUJUきたなら	長ネギの収穫等と「イオンモール津田沼」での頒布	「藍工房」開店 in イオンモール船橋	「ワルツ」と「八木が谷中学校」への納品	「いちよう窯」開店 in ヤオコー三咲店
9	冬の花の種まきと移植をしよう！	外注名刺の作成・納品と新製品の開発	新製品を開発してワイルドスポーツへ納品	中学部への注文頒布	新製品の開発と注文品を作ろう	大根とほうれん草の種まき	「アヴァンセ」への納品	より良い製品を納品！	秋を感じられる製品を納品しよう
10	産業現場等における実習								
11	いちよう祭								
	パンジービオラを5,000株移植しよう	「紙屋船橋」開店	エコバック等の製作、ハーブ苗の栽培と頒布	新作マドレーヌお披露目！	「織～布」秋冬製品のお披露目	秋野菜の収穫・頒布と豚汁の頒布	「藍工房」出店!!	「ウッディハウス」開店！	いらっしゃいませ!「いちよう窯」
12	すのこ作りと春の花の種まきと移植	「紙屋船橋」開店 in ○○	「ひだまり」開店 inイオン津田沼手作りあったか市	クリスマスセールの開催！ in イオンモール津田沼	注文&委託販売	落花生の加工品作りと「ふなっ子バザール」での頒布	「○○○」in イオンモール津田沼	○○で頒布会！	年末陶器市 in イオン高根木戸店
1 2	「はなや」開店！ in JUJUきたなら	「紙屋船橋」開店に向けて	合同発表会に向けての製作と校内頒布	高等部保護者への注文頒布とアンケート	注文品の納品	切り干し大根作り等と合同発表会での頒布	合同発表会に向けての製作と校内頒布	新春木工市 in イオン高根木戸店	新春陶器市 in イオン津田沼
3	市船市								
	「市船市」ラスト「はなや」	「合同発表会」「市船市」「紙屋船橋」開店	「市船市」で春の香りいっぱい「ひだまり」開店	「市船市」総決算！「スイーツ工房」	製品勢揃い！織～布オープン！	「市船市」での頒布とジャガイモと長ネギの作付け	春色いっぱい！「藍藍市」	いいもの，たくさん「市船市」	「市船市」まいどあり!「いちよう窯」
		職人技を伝授	卒業生に記念品を贈ろう	外部への頒布		枝豆の作付けと堆肥運び	祝卒業！卒業生にプレゼント!	卒業生に記念品を贈ろう	

図6－3　作業学習の年間計画の例
（船橋市立船橋特別支援学校高等部，平成25年度）

（5）単元展開―単元の進め方と日程計画

図6－4は，冒頭例の紙すき班の日程計画である。この単元は，学校祭に向けての取り組みのため，午後の時間も使って，作業活動だけではなく，生徒会活動等，学校祭に関連する活動を組み込みつつ計画している。このように，その時期の生活をテーマ一色にすることで，生徒たちはテーマの実現に向けて没頭して取り組めるようになる。

表6－1は，単元の進め方における工夫・手立ての諸点である。一般に，単元初めには，生徒のめあて・見通しを確保し，テーマ実現への期待感が高まるような手立てを講じる。作業が始まったら，取り組みへの意欲を持続し，活動に勢いをつけるような手立てを講じる。販売会や納品などを終えた終了時には，納会や打ち上げなどを行い，満足感・成就感いっぱいに単元を終えるようにする。

月 日	曜	活動計画		
		午前	午後	関連する活動
10／21	月	全校集会　中高合同制作	実行委員決め・スローガン決め・製品作り	・実行委員決め
22	火	製品作り ○A 3・A 4　500枚　○紙料150 kg ○卓上カレンダー・ポチ袋・コースターハガキ掛け・しおり・壁掛けカレンダー・祝い袋・ハガキ・色紙がけ・封筒セット・メッセージカード　計400個		・スローガン決め
23	水			・出来高表作り
24	木		接遇講座①	・班だより①発行
25	金		製品作り	
28	月		↓	
29	火			
30	水		・店準備・綿飴作り	
31	木	ミニいちよう祭	後片付け・反省	
11／1	金	製品作り	店準備・製品作り	売り上げ確認
5	火	↓	↓・招待状作り	
6	水		・綿飴作り	・班だより②発行
7	木		・接遇講座②	
8	金	開店準備	前日集会	
9	土	いちよう祭		
12	火	後片付け・いちよう祭まとめ		売り上げ確認

図6－4　日程計画の例
単元「いちよう祭」―「紙屋船橋」開店
（船橋市立船橋特別支援学校高等部紙すき班，平成25年10～11月）

表6－1　単元活動の進め方の工夫・手立ての例
単元「いちよう祭」―「紙屋船橋」開店
（船橋市立船橋特別支援学校高等部紙すき班，平成25年10～11月）

○単元の初めに，スローガンや日程計画表，製品出来高表を生徒と一緒に用意して，見通しをもって製品作りに取り組めるようにする。 ○各工程に責任者を設け，一日の目標数を確認したり，出来高を記入したりして，毎日の活動に意欲的に取り組めるようにする。 ○出来上がった製品は，終礼の際に発表し，廊下などに展示して，成就感が高まるようにする。 ○実行委員を中心にディスプレイなどを話し合い，全員で出店準備を行ったり，綿飴作りの練習を行ったりして，当日への期待感を高めるようにする。 ○単元後半の午後の時間には，店準備や招待状作りなどを行い，当日へ向けての弾みをつける。

3．実践上の要点

作業学習では，生徒主体に，自ら精いっぱい作業活動に取り組む姿の実現を目指す。こうした生徒主体の作業学習にしようとすれば，先に触れた，まとまりと規則性のある日課づくり，テーマを軸に取り組む作業学習の単元化等，一連の生活・活動の組織化が基盤となる。

さらに，生徒のやりがいと手応えをより確かにするために，次のような点を具体化する。

（1）より本格的に，より現実的に

青年らしく，自ら額に汗して作業に取り組む姿を期待すれば，前提として，生徒にとって，打ち込むに足る「やりがい」のある作業にすることが求められる。働くやりがいは，製品・生産物，あるいは，作業活動

が評価され，本音で求められてこそ本物になる。そのために，地域から求められる有用で質高い製品・生産物や作業活動の追究はもとより，製品等が消費されるよう販路や活動の場の拡大を積極的に行うことも必要となる。

製品等が評価され多く消費されれば，生徒にとっての仕事のやりがいや手応えが高まる上に，青年期にふさわしい仕事量・活動量を確保することにもつながる。作った製品等が消費されずに「在庫」がたまりがちな作業や，活動の場・対象が校内のみの作業では，生徒の動機・意欲は低下し，教師の「頑張って作ろう」のかけ声も白々しくなる。

青年期にふさわしい打ち込むに足るやりがいのある作業学習にするということは，現実度の高い作業活動にするということでもある。製品・生産物を生産する作業活動では，社会に通用するものを，より質高く，より多く生産することを目指す。そのためには，一定の規格のある製品・生産物を，少種・大量生産することも有効な手立てとなる。また，作業種や作業工程にもよるが，可能な限り分担作業化することも有効な手立てである。こうすることで，生徒も自分の仕事に慣れ，より早く，より多くできるようになる。同じ活動を繰り返すことで生徒が自信をもって作業に取り組めるようにもなる。このことは，農園芸作業の場合も同様である。

その他，現実度の高い作業活動の観点からは，本格的な工具・道具・機械などを積極的に活用する。たとえば，ビルクリーニング等の作業活動でも，より質高く効率のよい作業を目指して，外部から講師を招いて技術を高めたり，専門的な用具を用いるなど，できるだけ本格的に取り組めるようにする。校内で作業するよりも，校外で作業する機会を積極的に設けるようにする。

生徒と相談して決めた目標や注文先と取り決めた納期等を守ることも

大切にする。必要があれば，生徒が納得の上で，放課後等に作業を行う「残業」なども計画・実施する。

作業班の経営に関する諸々の事柄，たとえば，他の作業班との連絡・調整，得意先・納品先との連絡，製品・生産物の発送や納品，材料購入，礼状作成・送付，会計等に関する活動等も，教師の適切な支援のもと，できるだけ生徒の手で進められるようにする。こうすることで生徒にとってのやりがいが高まると同時に，結果として，生徒の力も高まり広がることにもなる。

（２）どの生徒にも「できる状況」をつくる

作業学習では，同じ目標やテーマのもと，生徒一人ひとりが力を発揮しつつ，共に取り組むことを大切にする。そのためには，個々の生徒の役割や分担，道具・補助具等の作業環境も含めて「できる状況づくり」に努める。「できる状況づくり」に当たっては，安全面・衛生面等を確保することを前提に，障害の状態等に関わりなく，どの生徒も「よりよい姿で」「より本格的に」取り組めるよう，次のような点を考慮する（図6－5）。

○作業班所属が適切かどうか。
○役割・分担の設定が適切であるか。生徒にとってわかりやすいか。
○繰り返しの作業等，生徒の力でより上手にできる工程になっているか。
○作業工程の設定や順番が適切であるか。
○ペアやグループの生徒の組み合わせは適切か。
○作業の流れが理解しやすい場の配置になっているか。
○テーマや目標を意識し，仲間と共有できるようになっているか。
○生徒一人ひとりの作業量は適切か。

○作業台や椅子等,負担のない姿勢で作業できるようになっているか。対象物や手元が見やすくなっているか。
○道具・材料などの配置は適切であるか。
○扱いやすい道具を選定するとともに必要に応じて改良しているか。
○ガイドを設けるなど，より正確に作業できるための道具・補助具等が工夫・用意されているか。
○本格的に取り組めるよう機械や専門工具・用具が活用されているか。その際，保護カバー等安全が確保されているか。　など

(3) 教師も共に働く

生徒主体の学習活動を実現しようとすれば，教師もテーマの実現を目指し，共に取り組み，共に働くことが不可欠となる。教師が腕組みし，監督者然とした状況では，生徒が自ら取り組む作業学習になりにくい。教師も生徒とテーマを共有し，生徒と共に取り組むことで，生徒の主体性を確保するのである。

教師が率先して働くことで，生徒は励まされ作業に勢いが増す。教師も一分担を担いながら，さりげなく生徒個々への支援を行う。共に働くことで，生徒のつまずきの原因に気づくことも多い。

教師が生徒と共に取り組むためには，前述の個々の生徒へのできる状況づくりの徹底が前提条件となる。生徒それぞれが自分の力で作業できる状況にないと，教師は生徒への「お世話」でかかり切りになってしまうからである。教師も一分担を担おうとすれば，材料等も含め仕事量を十分に確保する必要がある。共に働きながら，全体の把握や安全確保も考慮し，教師の位置する場所や分担等を工夫する。

働く喜びの一つは，仲間と成し遂げることにある。教師も共に取り組んでこそ，生徒の働く喜びもより確かになる。

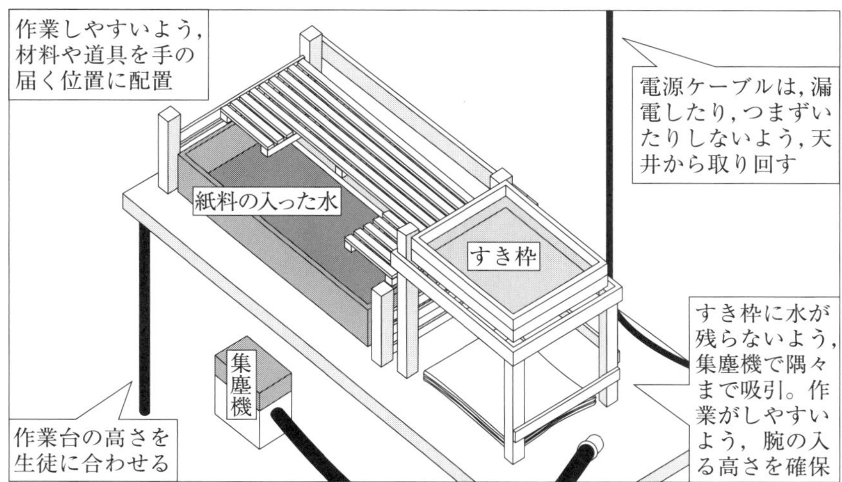

（A）紙すき工程の道具・補助具の工夫例

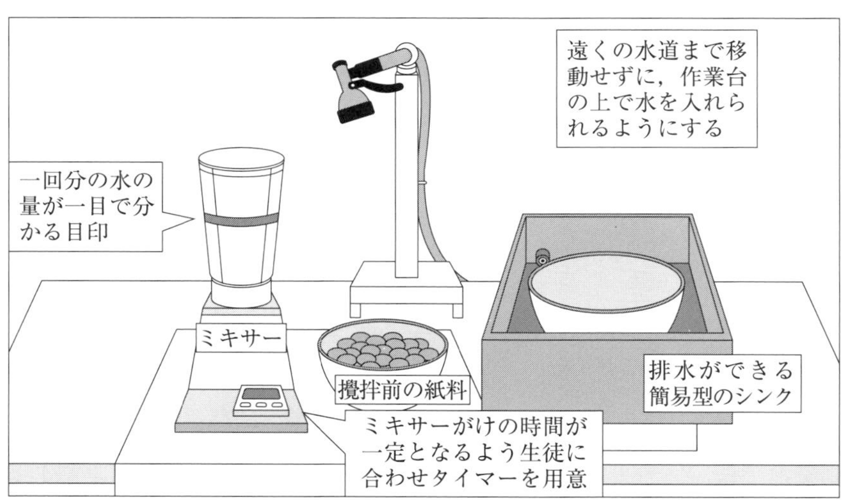

（B）ミキサーがけ工程の道具・補助具の工夫例

図 6－5　できる状況づくりの例
単元「いちよう祭」―「紙屋船橋」開店
（船橋市立船橋特別支援学校高等部紙すき班，平成 25 年 10〜11 月）

学習課題

1．生徒の立場になって，やりがいや手応えのある作業学習をどう作るか考えてみよう。
2．なぜ教師も生徒と共に働くのか。共に働かない場合と比較しながら考えてみよう。

参考文献

文部科学省『作業学習の手引き』ぎょうせい　1985 年
小出　進『生活中心教育の理念と方法』ケーアンドエイチ　2010 年
文部科学省『特別支援学校教育要領・学習指導要領解説　総則編（幼稚部・小学部・中学部）』開隆堂出版　2018 年
船橋市立船橋特別支援学校『平成 25 年度公開研究会資料』2013 年
文部科学省『特別支援学校学習指導要領解説　各教科等編（小学部・中学部）』開隆堂出版　2018 年

7 指導法③日常生活の指導・遊びの指導

高倉誠一

《目標＆ポイント》 本章では,「各教科等を合わせた指導」である日常生活の指導と遊びの指導を取り上げる。その意義と特色，実践上の要点について理解しよう。
《キーワード》 日常生活の指導，遊びの指導，各教科等を合わせた指導，指導法，実践例

1．日常生活の指導とその実践方法

（1）日常生活の指導とは

学校における日常生活の諸活動には，毎日，一定時間にほぼ同じように繰り返される次のような活動がある。

①登下校…歩行，公共交通機関の利用，あいさつ，靴の履き替えなど
②朝の支度…カバン等の始末，連絡帳等の提出，着替え，排泄など
③係の仕事…動物や草花の世話，ゴミ捨て，出欠調べ，健康調べなど
④朝の会（学級・学部）…マラソン，あいさつ，日付や天気・予定の確認，歌やダンスなど
⑤昼食・昼休み…手洗い，エプロン等の着脱，食器等の運搬・配膳，食事，後片付け，歯磨き，食後の自由活動など
⑥清掃…はき掃除，モップがけ，ふき掃除など
⑦帰りの支度…着替え，カバンや連絡帳等の持ち帰る物の準備など
⑧帰りの会…一日の振り返り，明日の予定確認，歌，あいさつなど

これら，学校における子どもの日常生活が自立的・発展的に展開するよう支えることが日常生活の指導である。

特別支援学校の学習指導要領解説（以下，「解説」）では，日常生活の指導を，次のように規定している。

「日常生活の指導は，児童生徒の日常生活が充実し，高まるように日常生活の諸活動について，知的障害の状態，生活年齢，学習状況や経験等を踏まえながら計画的に指導するものである。日常生活の指導は，生活科を中心として，特別活動の〔学級活動〕など広範囲に，各教科等の内容が扱われる。それらは，例えば，衣服の着脱，洗面，手洗い，排泄，食事，清潔など基本的生活習慣の内容や，あいさつ，言葉遣い，礼儀作法，時間を守ること，きまりを守ることなどの日常生活や社会生活において習慣的に繰り返される，必要で基本的な内容である」

子どもの日常生活が充実し，高まるようにするためには，日常生活の諸活動への子ども自身による主体的取り組みが欠かせない。教師に「させられる」，「やらされる」取り組みでは，生活の質が低下するばかりでなく，生活の高まりも期待できない。生活の諸活動に子どもが自立的・主体的に取り組めるよう支えることで，子どもの日常生活や社会生活そのものを豊かにすることが日常生活の指導である。

日常生活の指導は，毎日繰り返される自然な流れに沿って行われる。週日課表には，一般的には帯状に設定されることが多い（第5章図5－1および図5－2参照）。

（2）実践上の要点

①　生活の流れに沿い，実際的で必然性のある状況下で

日常生活の指導は，日々の学校生活の流れに沿って，必要な場面に即して支援を行うことが原則となる。

衣服を着替える場面での着替え指導であり，食事をする場面での食事指導である。これらを，特別な時間を設けて，着替えを必要としないときに，ボタンのはめ・はずし練習を繰り返すようなことは避ける。昼食時ではないのに，箸の使い方と称して，容器に入った「ビー玉」を移し換えるようなことはしない。必然性のない，非実際的な状況下での練習・訓練となり，日常生活の指導の趣旨と異なるばかりか，知的障害の学習上の特性にも合わず，効果もあまり期待できない。

日常生活の指導では，毎日の生活の流れに沿って，実際的で必然性のある状況下で指導することがなによりも大切となる。

②　繰り返し積み重ねて

日常生活に関する諸活動は，子どもの基本的生活習慣に関する内容を多く含むと同時に，毎日反復して取り組むことで望ましい生活習慣として身に付けるものも多い。

たとえば，学校での食事の機会は毎日１回はある。1週間で5回，1か月で約20回となる。手洗いや排泄の機会はさらに多くある。これらの一つひとつを大切な機会と受け止め，その都度丁寧な支援，最適な支援を繰り返し行うようにする。

③　生活年齢相応に，よりよい姿で取り組めるように

障害の程度や年齢に関係なく，どの子どもに対しても日常生活の支援・指導は行われる。

一般には，年齢の低い段階の子どものほうが日常生活の指導の位置付けが大きくなる。しかし，どの年齢段階にあっても，生活年齢相応のよりよい姿での取り組みとなるように支える視点を大切にする。

たとえば，中学部でズボンを下ろし，おしりを丸出しにして小用をたす生徒がいれば，折に触れ必要な支援的対応を行う。朝のジョギングなどでは，周回する数を多くしたり，距離を伸ばしたりする。朝の会の運営・進行を委ね，進められるようにするなど。

何でもできそうな子どもであっても，「よりよい姿」での取り組みを願えば，なんらかの支えを必要とするはずである。

④ 「できる状況づくり」を講じて

日常生活の諸活動に，子どもの主体的・自立的取り組みを期待すれば，子どもが自分自身で首尾よく成し遂げられる「できる状況づくり」が不可欠となる。自分自身で成し遂げる手応えがあってこそ，子どもは，より主体的・自立的に取り組むようになるからである。

たとえば，着替えの場面では，ボタンやファスナー等の衣類への工夫をすれば，子ども自身で着替えに取り組めるようになることもある。衣類をしまう場面では，手順やしまう棚を明確にすることで，子どもが自分自身で取り組みやすくもなる。一方，こうした「できる状況づくり」の手立てを講じなければ，教師の手出し・口出しばかりが増えることにもなり，子どもにとっては，「させられる」，「やらされる」状況になりがちである。

⑤ 教師も共に取り組み，学校生活が豊かになるように

学校生活は，子どもと教師の営みにほかならない。子どもと教師の関係は，「教えられる」，「教える」という関係だけではない。子どもと教師は学校生活を共にする共同生活者でもある。日常生活の指導においても，教師も子どもと共に取り組むことで，学校生活を豊かにするという観点を大切にしたい。

たとえば，掃除の場面で，子どもが掃除をし，教師が腕組みをして監督・指示をする状況は，豊かな生活とは言い難い。昼食の場面で，食事の仕方や偏食等の指導面ばかりに汲々とすると，楽しみな食事の時間が味けなく苦しいものになってしまう。

日常生活の指導では，子どもと共にできる活動は，教師も一緒に行うようにする。その上で，さりげなく，きめ細かな優しい支援を心がける。

⑥　家庭等と連携・協力を図って

日常生活の諸活動は，学校だけでなく，子どもが生活する家庭や寄宿舎，居住施設等でも同じように行われる場面・内容を多く含む。衣類の着脱や整理は一例であるが，その手順や方法は，学校と家庭等で共通理解を図るなど一貫性をもたせることが大切である。

こうした日常生活面の支援は，学校よりも家庭等での対応が適切である場合もあるし，心身の健康管理に関することもあるだけに家庭等の協力を得ることが不可欠となる。いずれにしても，相互の連絡・情報交換を密にし，協力し合って進められるようにする。

2．遊びの指導とその実践方法

（1）遊びの指導とは

「遊び」は子どもの心身の発達において欠かせない活動である。遊びで培われる言語，概念，情緒，想像性，知覚・認知など，諸領域にわたる発達的側面は，成長とともに広がっていく社会生活の礎ともなる。また，「遊び」は，幼少期の子どもの生活の中心的活動であり，生活の充実を満たす上でも欠かせないものでもある。子どもは遊ぶことそのものに喜びを感じ，満足を覚え，没頭する。だから，幼稚園や保育所等，保育の場では，遊びの価値を認め，生活の中心に遊びを大きく位置付けている。

一方，知的障害のある子どもは，決まった遊びに固定化しがちであるし，継続的・発展的に遊んだり，遊び込むなどということも苦手であることが指摘されている。その結果，遊びによる生活経験の広がりが阻害され，生活の充実も満たされにくいというハンディも併せもっている。知的障害のある子どもは，順当な育ちや生活の充実を確保するために，遊びそのものに支えを必要とするのである。

知的障害教育では，遊びを大切な学習活動として位置付け，子どもの遊びを豊かにする取り組みを行っている。これが遊びの指導であり，学齢期の教育では，知的障害教育だけに認められた指導の形態である。

「解説」では，遊びの指導を次のように規定している。

「遊びの指導は，主に小学部段階において，遊びを学習活動の中心に据えて取り組み，身体活動を活発にし，仲間とのかかわりを促し，意欲的な活動を育み，心身の発達を促していくものである」

（2）遊びの指導の本質―子どもがよりよく遊ぶことを願う

「解説」では，遊びの指導に当たって考慮することとして，次の５点を示している。

(ア) 児童の意欲的な活動を育めるようにすること。その際，児童が，積極的に遊ぼうとする環境を設定すること。

(イ) 教師と児童，児童同士の関わりを促すことができるよう，場の設定，教師の対応，遊具等を工夫し，計画的に実施すること。

(ウ) 身体活動が活発に展開できる遊びや室内での遊びなど児童の興味や関心に合わせて適切に環境を設定すること。

(エ) 遊びをできる限り制限することなく，児童の健康面や衛生面に配慮しつつ，安全に遊べる場や遊具を設定すること。

(オ) 自ら遊びに取り組むことが難しい児童には，遊びを促したり，遊びに誘ったりして，いろいろな遊びが経験できるよう配慮し，遊びの楽しさを味わえるようにしていくこと。

本来，遊びとは，子どもがそれ自体のために行い，それ自体を楽しむ活動である。

一方，遊びを教師の意図で計画したり指導したりすると，遊びが歪み，本来の遊びの良さが失われてしまうことにもなる。そこで，遊びの指導では，子どもがよりよく遊ぶことを願い，意図する。教師は，子どもが自ら遊びに取り組み，遊びの楽しさを味わい，遊びが充実・発展する状況や環境を用意することに努める。

学習活動だからと，遊びを指導するための手段として捉えることがある。たとえば，「数の大小を教えるために，ボーリング遊びで」，「順番を守るルールを教えるために，すべり台遊びで」，「指の感覚や巧緻性を高めるために，粘土遊びで」等々である。これら「遊びの手段化」は，遊びの指導の趣旨と異なる。遊びの指導は，よりよい遊びを支えることである。子どもが遊びに夢中になり，没頭して遊ぶことができれば，結果として，諸々の力が育まれると考えるべきである。

（３）遊びの指導の計画・展開と実践上の要点

①　週日課表の設定

遊びへの子どもの主体的取り組みと遊びの充実・発展を願えば，毎日同じ時間帯に繰り返し活動できるよう，週日課表に帯状に設定することが望ましい（第５章図５−１参照）。また，一定期間は，遊びのテーマ・内容を変えないようにする。こうすることで，子どもには生活の見通しがもちやすくなり，遊びが継続・発展しやすい状況になる。一方，「○曜の○時限目に○○遊び」など単発的な遊びでは，子どもは受け身で遊ぶことになり，遊びは分断されてしまう。

なお，「わくわくの森で遊ぼう」などのテーマで，学校内に特設した遊び場で一定期間遊びを展開するような場合は，遊びの指導を単元化するともいえるし，遊ぶ活動中心の生活単元学習ともいえる。「解説」では，生活単元学習の説明の中で，「小学部において，児童の知的障害の状態等に応じ，遊びを取り入れたり，作業的な指導内容を取り入れたりして，生活単元学習を展開している学校もある」との記述がある。要は，遊びの指導の単元化も，遊ぶ活動中心の生活単元学習も実践上は同じであり，指導形態上の区分に捉われなくてもよいということである。

② 遊びの単元化

子どもの頃，ある特定の遊びを仲間と繰り返し遊んだ覚えがないだろうか。日が暮れるまでめいっぱい遊び，帰り際，「明日も一緒に遊ぼうね」と家路を急ぐ。仲間と毎日のように同じテーマの遊びを繰り返すことで，子どもたちは満たされ，遊びにも広がりが生まれやすくなる。仲間との関わりも自ずと深まる。

こうした遊びのよさ・特質を学校で実現するために，遊びの単元化を図る。遊びにテーマを定め，一定期間，テーマに沿った遊びに，子どもが存分に取り組めるようにする。

図 7－1 は，高知市立高知特別支援学校の単元「わくわくの森で遊ぼう」の日程計画である。小学部の子ども 30 名と教師 21 名が，体育館に設置した「わくわくの森」で，約 3 週間ほぼ毎日のように遊ぶ。

単元中盤からは，より斜度があるすべり台等の遊具を付け加えたり，子どもの様子を見ながら，遊具を改善するなどして，遊びがより盛り上がるようにする。

単元期間中は，子どもたちが求める遊びがさらに盛り上がり，楽しくなるよう，近隣の小学校へ招待状を送り一緒に遊んだり，保護者と一緒に遊ぶ機会も設けたりする。こうした遊びに関連する活動にも子どもが期待感をもちながら取り組むことにより，この時期の生活の充実・発展を図る。なお，この学校の 1 年間の単元計画については，第 5 章図 5－3 を参照。

月/日	曜日	主　な　活　動	関連する活動
1/15	火	○「わくわくの森」で遊ぶ	
16	水	「すべり山」の低いすべり台	・招待状づくり
17	木	「どんぐり池」	
18	金	「ゆらゆらブランコ」	・単元ニュース発行①
21	月		・旭小，横内小へ招待状を届ける。
22	火		
23	水	「すべり山」の高いすべり台	・旭小の友だちを招待
24	木	「もぐらトンネル」	
25	金	「ガッタン橋」	・単元ニュース発行②
28	月	↓	
29	火		・横内小の友だちを招待
30	水		
31	木		・保護者を招待して一緒に遊ぶ。
2/1	金		
2	土		
5	火	○片付け	・単元ニュース発行③

図７－１　日程計画の例
単元「わくわくの森で遊ぼう」
（高知市立高知特別支援学校小学部，平成25年1～2月）

③　場の設定・遊具等の工夫

遊び場や遊具は，子どもにとって遊びの期待感を左右する大きな環境要因となる。子どもがひと目見ただけで，「面白そう！」，「遊んでみたい！」と思える場や遊具を工夫したい。

個人差の大きい子どもたちである。子ども一人ひとりについて，興味・関心をもちそうな遊びや好む遊び，得意な遊びを想定すると，多くの場合，複数の遊具等を用意することになる。それらをテーマに関連付けながら，遊具間の動線等も考慮し配置する。一人で遊ぶ遊具もあれば，仲間と遊ぶ遊具も設置するなど，自然と仲間と関わって遊ぶような工夫も行う（図７－2）。

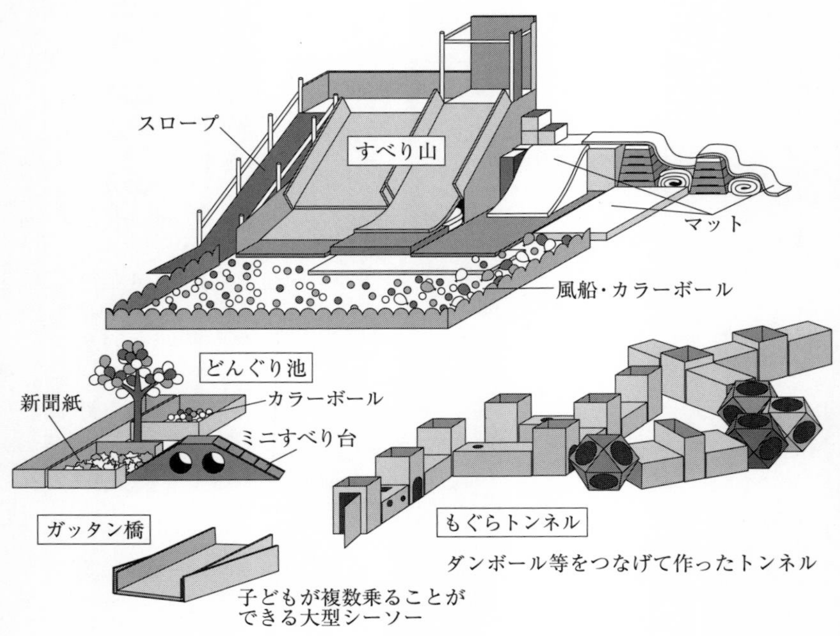

○「すべり山」には，高さの違うすべり台を 2 台設置し，好きなすべり台を選んで友だちや教師と一緒にすべって楽しめるようにする。
○「すべり山」では，すべり面を登って上がったり，低いすべり台の横につけたスロープを上がったりして，繰り返しすべって楽しめるようにする。
○「すべり山」の低い踊り場から，マットで斜面を作り，転がったり寝転んだりしてゆったりと遊べるようにする。
○「すべり山」のすべり台をすべった先に「もぐらトンネル」「ガッタン橋」「どんぐり池」を設置し，他の好きな遊び場へも行きやすいような配置にする。
○「ガッタン橋」は，みんなで楽しめるように複数で乗ることができる大きさや強度にしておく。
○「どんぐり池」は，新聞や風船，ボールなどでいろいろな池を作って，ゆったりと遊んだり，ボールの上をすべって遊んだりできるようにする。
○「もぐらトンネル」は，少しずつトンネルを伸ばしたりつなげたりして変化を楽しめるようにする。

図 7－2　遊び場の設定・遊具等の工夫の例
単元「わくわくの森で遊ぼう」
（高知市立高知特別支援学校小学部，平成 25 年 1～2 月）

④　遊ぶ場面での教師の支援的対応

実際に遊ぶ場面では，教師も遊び仲間の一員として本気で遊ぶ。教師も共に遊ぶことにより，遊びが自然なものになり，雰囲気も高まる。「ちょっと疲れているようだ」，「この遊具は，子どもに扱いにくいようだ」，「この子にとって，このすべり台はすこし物足りないようだ」等，子どもの様子を見取りながら，子どもの気持ちを感じ取ることもできるし，遊びの支援もしやすくなる。

共に遊びながら，子ども個々に応じて，さりげなく支援する。場を離れている子どもがいたら，様子を見つつ遊びに誘う。上級生と遊びたそうな子どもがいたら，仲立ちをする。揺れる動きが好きな子どもには，一緒に遊びながら揺れに変化をつけてさらに楽しめるようにする等々である。

表７−１は，単元「わくわくの森で遊ぼう」における個別の指導計画（１年生）である。子ども個々に，よりよく遊ぶ姿を具体的に願い，共に遊びながらの教師の支援的対応を記している。表中のＣさんはすべり台の上からカラーボールを転がすのが好きな様子である。教師は，この様子から，「たくさん」，「思いきり楽しく」と，さらによりよく遊ぶ姿を願う。そこで手立てとして，たくさんのカラーボールを用意するだけでなく，思い切り落としても安全な風船も加え，共に声をかけ合いながら遊ぶことで，Ｃさんの遊びをより広げようとしているのである。

表 7-1　個別の指導計画の例
単元「わくわくの森で遊ぼう」
（高知市立高知特別支援学校小学部，平成 25 年 1〜2 月）

		様子	ねがい	手立て
1年	Aさん	・山を登るようなイメージですべり面をかけ上がっては，途中から「あ〜」と言いながらすべることを楽しんでいる。 ・「もぐらトンネル」では，教師に追いかけてもらうように要求して逃げ，遊んでいる。	・「すべり山」で友だちや教師と一緒に楽しく遊んでほしい。 ・「もぐらトンネル」では，友だちや教師と一緒に追いかけっこをして楽しく遊んでほしい。	・「あぶなーい。たすけてー」など，ごっこ遊びの声がけをして，楽しさがふくらむようにする。 ・上級生が楽しそうに遊んでいるところに「入れてもらおう」と誘って，教師が仲立ちしながら，みんなで遊べるようにする。
	Bさん	・自分からすべり面まで行き，足でスピードを加減しながらすべり，遊んでいる。 ・「ゆらゆらブランコ」では，ロープにしがみついて，大きな揺れを喜び楽しんでいる。	・「すべり山」で教師と一緒にスピードにのってすべることを楽しんでほしい。 ・「ゆらゆらブランコ」に教師や友だちと一緒に乗り，大きな揺れを楽しみながら遊んでほしい。	・スピードにのれるように毛布を敷いて教師と一緒にすべって遊ぶようにする。 ・揺れを楽しめるように揺れに変化をつけて揺らすようにする。
	Cさん	・「すべり山」では，自分の好きなカラーボールを転がして笑顔で遊んでいる。 ・「ガッタン橋」に走ってかけ上がり，下りるときに，斜面が傾くのを何度も楽しんでいる。	・「すべり山」からたくさんのカラーボールや風船を転がすなどして思いきり楽しく遊んでほしい。 ・「ガッタン橋」に友だちや教師と一緒に乗り，傾くのを楽しんでほしい。	・より楽しめるように教師がたくさんのカラーボールや風船をすべり山の上へ持って行き，声がけをして転がす。 ・傾くときに，「ガッタ〜ン」といい，より傾く楽しみがもてるようにする。
	Dさん	・「すべり山」では，すべり面を下からかけ上がり，上からの景色を楽しんだり教師と一緒にすべったりして遊んでいる。 ・「ゆらゆらブランコ」に乗って，変化のある揺れを楽しんでいる。	・「すべり山」で友だちや教師と一緒に楽しく遊んでほしい。 ・「ゆらゆらブランコ」に友だちと一緒に乗り，揺れを楽しんでほしい。	・毛布を敷いて友だちや教師と一緒に座り，すべって楽しめるように「一緒にすべろう」と声をかけ，誘うようにする。 ・ブランコが急に止まったときのスリルを楽しめるように揺れに変化をつけて揺らすようにする。

学習課題

1．なぜ知的障害教育では，「日常生活の指導」や「遊びの指導」が学習活動として位置付けられるのか，考えてみよう。
2．遊びの指導における教師の役割とは何か。整理してみよう。

参考文献

小出　進『生活中心教育の理念と方法』ケーアンドエイチ　2010 年
全日本特殊教育研究連盟『遊びを豊かにするための遊びの指導ハンドブック』日本文化科学社　1995 年
文部科学省『特別支援学校教育要領・学習指導要領解説　総則等編（幼稚部・小学部・中学部）』開隆堂出版　2018 年
高知市立高知特別支援学校『研究発表会　開催要項・支援案』2013 年
文部科学省『特別支援学校学習指導要領解説　各教科等編（小学部・中学部）』開隆堂出版　2018 年

8 指導法④教科別の指導

坂本　裕

《**目標＆ポイント**》 本章では，知的障害教育の指導法のひとつである教科別の指導を行う際に留意すべきことを，理解できるようになることを目標とする。まず，知的障害のある児童生徒の学習特性に応じて設定されている知的障害教育の各教科に関わる基本的理解を解説する。そして，その理解に基づいて，知的障害教育の教科書採択，指導形態の選択について解説する。さらに，教科別の指導の教育実践を行う中で留意すべきことも解説する。
《**キーワード**》 教科別の指導，知的障害教育の各教科，教科書，附則9条本，学習活動の実生活化

1．教育実践の基本

第4章に示されている知的障害教育の各教科，ならびに，教科別の指導の捉え方を踏まえ，本章では，教育実践を進める上において，その基本として理解しておくべきことについて触れたい。

教科別の指導は，教科ごとに時間を設けて行う指導である。しかし，時数など授業の運用に関わる検討だけでは十分な指導とはならない。知的障害のある児童生徒の個々に，より相応しい学習内容を選択し，十分に展開するための検討を最優先して行うことが必要である。

特別支援学校学習指導要領解説に，学校教育法施行規則第130条第1項（各教科を合わせて指導を行う場合），第2項（各教科等を合わせて指導を行う場合）に関わって，表8−1のような記述がある。

つまり，心身の発達の段階や状況への配慮が必要な，特に，知的障害

表 8－1　知的障害のある児童生徒に相応しい学習内容の選択とその展開
（文部科学省，2018）

児童生徒の心身の発達の段階や障害の状況によっては，各教科を並列的に指導するより，各教科に含まれる教科の内容を一定の中心的な題材等に有機的に統合し，総合的な指導を進める方がより効果的な学習となり得る（略） 知的障害者である児童もしくは生徒を指導する場合には，各教科，道徳，外国語活動，特別活動及び自立活動の一部又は全部について合わせて指導を行うことによって，一層効果の上がる授業をすることができる。

のある児童生徒の教育においては，小・中学校等のような各教科を並列的に指導することでは，その学習の効果を強く期待することはできないのである。

このことは，第 3 章に示されている包括的な概念としての発達障害のある子どもに対する，思春期までの発達の様相への支援の方向性と重なる。その中でも特に，「知的（発達）障害（精神遅滞）と同様の支援が必要である」学習特性の理解と，その対応が必須となる。発達障害のある子どもは発達障害のない子どもよりも，実生活での経験がどうしても乏しくなりがちである。そのため，取り組みの意味や必要性を，実生活の中で実感できる学びのプロセスが大切になる。「各教科に含まれる教科の内容を，一定の中心的な題材等に有機的に統合」した“実際的・具体的な内容”を，「総合的な指導」である“学習活動の実生活化”をもって進めることが，何にもまして重要となるのである。こうしたことから，知的障害教育の各教科に示された「生活的な内容」を，児童生徒個々がその必要性や重要性を体感できる「実際的・具体的な内容」へと具現化し，さらに，学習活動の実生活化を図ること。これを，その教育実践に関わる教師は，実践の基本とせねばならない。

また，第15章に詳説される通り，学習指導要領改定において，知的障害教育の各教科については，小学校等の各教科との連続性を明確にし，育成を目指す資質・能力の三つの柱に即して，目標及び内容を示すこととなった。知的障害教育の各教科も育成を目指す資質・能力の三つの柱によって示された。ただし，教科ごとの目標及び内容については，知的障害のある児童生徒の生活年齢や発達の段階に対応する生活的教科の性格が堅持されており，小学校の各教科とは別に示されている。

なお，小・中学校等においても，各教科を並列的に指導することなく，教科横断的な視点で教育課程を編成し，「何のために学ぶのか」という学習の意義そのものを踏まえた教育実践が強く求められている。また，主体的・対話的で深い学びによって，資質・能力の三つの柱の育成を目指す。すなわち，「知識・技能」では「生きて働かせる」構えを，「思考力・判断力・表現力等」では「未知の状況へ対応する」構え，「学びに向かう力，人間力」では「学びを人生や社会に生かそうとする」構えなど，児童生徒の学習により未来社会を切り拓く姿勢の育成が目指されている。児童生徒の未来社会を切り拓く姿勢の育成を目指す教育は，知的障害教育が，終戦以後一貫して取り組んできた教育，すなわち「教育目標としては自立的生活力の育成が大切にされ，教育内容については，その自立的生活の育成の必要不可欠なものが優先され，そして，指導の段階では学習活動の実生活化が意図された」教育（文部省，1978）とその基底を一にするものと考える。

2．知的障害教育の教科書

わが国の小学校・中学校・高等学校・中等教育学校・特別支援学校においては，原則，表8−2に示した文部科学省検定教科書または文部科学省著作教科書を使用しなければならない。そして，義務教育の間は，

表8－2　わが国の教科書の種類

文部科学省検定教科書 　民間の教科書発行者において著作・編集され，文部科学大臣の検定を経て発行される教科書 文部科学省著作教科書 　その需要数が少なく民間による発行が期待できない高等学校の農業，工業，水産，家庭及び看護の教科書の一部や特別支援学校用の教科書を文部科学省が著作・編集した教科書

無償給与される。

文部科学省検定教科書は，小学校学習指導要領，中学校学習指導要領，高等学校学習指導要領とその各解説で示された各教科の内容に応じて作成されているが，前項で示したような知的障害教育の各教科には対応していない。

そのため，文部科学省著作教科書（特別支援学校知的障害者用）が発行されている。具体的には，国語科，算数科（数学科），音楽科について各々，『こくご☆・こくご☆☆・こくご☆☆☆・国語☆☆☆☆』，『○さんすう☆・さんすう☆☆(1)・さんすう☆☆(2)・さんすう☆☆☆・数学☆☆☆☆』，『○おんがく☆・おんがく☆☆・おんがく☆☆☆・音楽☆☆☆☆』が発行されている。内容は段階別に☆の数で示されており，☆（ほし）本と称されている。児童生徒が馴染みやすいように，挿絵がふんだんに使われてはいるが，知的障害のある児童生徒の学びの特性やその対応教科数から，この教科書だけですべての授業を行うことは現実的ではない。

さらに，知的障害特別支援学校や知的障害特別支援学級の児童生徒には，図8－1のように学校教育法附則第9条において，一般図書を教科用図書として採択することが可能となっており，附則9条本と称されて

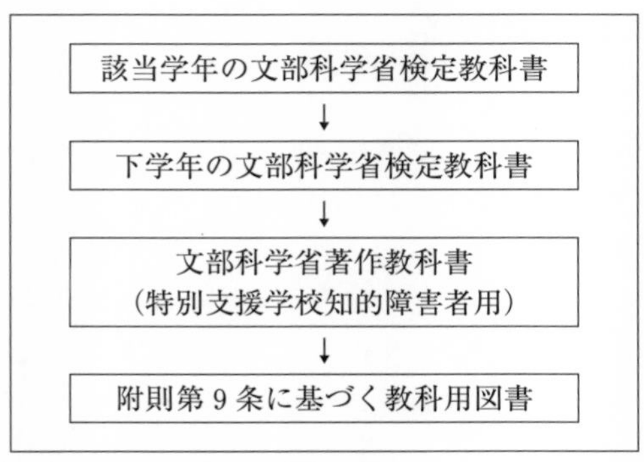

図 8－1　教科書採択の考え方

いる。附則 9 条本の採択基準は，都道府県教育委員会や政令指定都市教育委員会から示され，前年度の担任が，夏休み期間中に候補となる一般図書を選定し，教育委員会に届け出て，採用されることとなる。しかし，前担任の選定の意図は現担任には伝わりにくいことがある。一般図書であることからも，附則 9 条本のみで授業を行うことは現実的ではない。

3．指導の形態の選択

これまで述べてきたように，知的障害教育の教育実践は，文部科学省検定教科書または文部科学省著作教科書を用い，学習指導要領・解説に示された内容を漏れや偏りがないように教授する小学校・中学校等の教育実践とはその取り組みが大きく異なる。特別支援学校学習指導要領・解説に示された知的障害教育の各教科の内容は，概括的であり，具体的な学習内容については個々の児童生徒の興味や関心，生活年齢，学習状況や経験等を考慮して設定しなければならない。そして，その内容を組み上げ，展開に相応しい指導の形態を選択し，単元としてまとめ上げていく作業が必須となる。そうした検討を経た上で，教科ごとに時間を設けて行う場合が「教科別の指導」であり，各教科等を合わせて指導を行う場合が「各教科等を合わせた指導」となる。

4．教科別の指導を実践する際の留意点

教科別の指導は，小学校・中学校等の教科指導とは異なり，指導を行う教科やその授業時数は，対象となる児童生徒によって定めることとなる。特別支援学校学習指導要領解説では，表８−３のように生活年齢，学習状況や経験等を十分に考慮するなどのことに留意するとされている。

表８−３　教科別の指導を実施する際の留意点（文部科学省，2018）

① 教科別の指導で扱う内容について，一人一人の児童生徒の実態に合わせて，個別的に選択・組織しなければならないことが多い。その場合，一人一人の児童生徒の興味や関心，生活年齢，学習状況や経験等を十分に考慮することが大切である。

② 各教科の目標及び段階の目標を踏まえ，児童生徒に対しどのような資質・能力の育成を目指すのかを明確にしながら，指導を創意工夫する必要がある。その際，生活に即した活動を十分に取り入れつつ学んでいることの目的や意義が理解できるよう段階的に指導する必要がある。

③ 教科別の指導を一斉授業の形態で進める際，児童生徒の個人差が大きい場合もあるので，それぞれの教科の特質や指導内容に応じて更に小集団を編成し個別的な手立てを講じるなどして，個に応じた指導を徹底する必要がある。

④ 個別の指導計画の作成に当たっては，他の教科，道徳科，外国語活動，総合的な学習の時間（小学部を除く），特別活動及び自立活動との関連，また，各教科等を合わせて指導を行う場合との関連を図るとともに，児童生徒が習得したことを適切に評価できるように計画する必要がある。

（筆者編集）

また，教科別の指導が「学習によって得た知識や技能が断片的に」ならないよう，各教科の留意事項には，『児童（生徒）や学校の実態に応じ，多様な学習活動を組み合わせて授業を組み立てていくことが重要』と述べられている。すなわち，特別支援学校学習指導要領解説（表8－4）に示されているように，各教科等を合わせた指導である日常生活の指導，生活単元学習，作業学習と関連付けるなどして実践することが肝要となる。

表8－4　教科別の指導と各教科等を合わせた指導の関係性
（文部科学省，2018）

個々の児童の知的障害の状態や生活年齢に加え，興味や関心，これまでの学習や経験してきた内容などを全体的に把握した上で，効果的な指導の形態を選択していくことである。指導の形態には，教科ごとの時間を設けて指導する「教科別の指導」や各教科，道徳科，外国語活動，特別活動及び自立活動を合わせて指導を行う「各教科等を合わせた指導」がある。単元などの学習のまとまりをとおして，児童の学習成果が最大限に期待できる指導の形態を柔軟に考えられるようにすることが大切である。 例えば，算数の時間に金銭の数量的な扱いを学習した時期と同じくして，金銭の数量的な知識を生かして，実際の生活場面に即しながら学習することのできる単元について，生活単元学習として位置付けることなどが考えられる。

そして，「抽象的な内容の指導よりも，実際的な生活場面の中で，具体的に思考や判断，表現できるようにする指導が効果的である」ことから，教科別の指導の評価についても，個々の児童生徒の実際の生活場面における生きる力となり得たかを評価規準として行わなければならない。漢字の書き取りや百ます計算のようなドリル学習で同じ内容を何年も繰り返すような教科別の指導を行うようであれば，それは第二次世界

大戦後の昔から戒められてきた「水増し教育」（第 4 章参照）と変わらない。教科別の指導では，個々に即した具体的内容を選定し，学習方法を工夫すること，また個々の児童生徒の生活場面で実際の生きる力となっているのかを規準に評価されることが重要である。

5．教科別の指導の実際

（1）日々の生活に活きる力となることを意図しての展開

実践事例①：国語科・社会科

単元：新聞を読もう［特別支援学校高等部 1 年生］

近年，社会のいろいろな動向を SNS や TV ニュースなどで知ることが多くなってきた。しかし，知的障害のある生徒が，SNS 等で一方的，そして，多量に流れてくる情報の真偽を自分で見抜くことは容易ではない。TV ニュースも一つの話題を把握する間もないうちに，次の話題に移ってしまうことが少なくない。高等部卒業後の生活を考えた時に，社会のいろいろな動きに関心を向け，また，その日の天気やテレビ番組を確認できることは必要だろう。将来の生活への発展も願っての本取り組みである。新聞は NIE の教材用価格で購入した。

カコミ記事やタタミ記事については，生徒たちは比較的読みやすいようであった。流し組みの記事は読み慣れるまでに時間がかかったが意欲的に取り組めた。読めない漢字を漢字辞典で，意味が分かりにくいことばを国語辞典で引いて調べ理解を進めた。毎時間の最後には，それぞれが興味をもったり，クラスメイトに知らせたいと思ったりした記事をそれぞれが説明し，発表するようにした。生徒が選んだ記事には野球あり，サッカーあり，天気あり，地元のニュースありとそれぞれの関心があり，生徒の新たな知識への関心や理解の広がりを発見することができた。

(2) 生活年齢を考慮しての展開

実践事例②：国語

単元：幼稚園で紙芝居をしよう［中学校特別支援学級］

特別支援学級の皆で，国語の時間に紙芝居の練習をして，隣接する幼稚園で披露する活動に取り組んだ。主な活動は「市立図書館で紙芝居を借りる」，「紙芝居を上手に読む練習をする」，「幼稚園の子に紙芝居を読む」であった。生徒のＳさんは教師との会話は大好きで質問にもうれしそうに返すことができる。しかし，人前では声が小さく，すぐに言葉につまってしまう。そんな生徒も，小さな子どもたちの前で自信をもって話すことを楽しんでほしいと願った。取り組みの初日には発表会当日を心待ちに，それに向けた活動に見通しがもてるよう，進行表で，具体的な日にちと時間を確認した。幼稚園の教頭先生からは特別支援学級の皆の訪問をとても心待ちにしていることが伝えられた。

3グループに分かれて取り組んだ。Ｓさんのグループは『つるのおんがえし』を選んだ。Ｓさんはおじいさん役を担当することになった。練習では，他のグループや先生などたくさんの人の前で発表した。友だちから「大きな声ではっきりと言っていました」と言われ，Ｓさんはとてもうれしそうにしていた。

幼稚園での発表当日の朝，Ｓさんは「今日，幼稚園で発表」と楽しみにしている様子だった。発表では，伝わっているかを気にするように園児を見ながら，大きな声でゆっくりていねいにおじいさんのセリフを言うＳさんだった。終わってからの感想で，Ｓさんはみんなを前に「大きな声ではっきり言えた」と誇らしげに話すことができた。その日の日記には，「幼稚園での発表をがんばりました。大きな声ではっきり話しました」とあった。人前で話すことに，Ｓさんは自信をもてたようだった。

（3）各教科等を合わせた指導と関連付けての展開

実践事例③：国語科・社会科（各教科を合わせた指導）

単元：修学旅行に行こう：しおり作り［特別支援学校中学部］

3 年生皆で，二泊三日の修学旅行に向けて取り組む生活単元学習。これまで教師が作成していたしおり作りを生徒の手で作成することにした。そこで，生活のテーマに関連付けて行っている国語の授業でワープロに取り組んでいる生徒 3 人がしおりを担当し，初日に皆へ配付できるように取り組んだ。

1 回目は，旅行会社からの旅行行程表を見ながら，行程の全体把握を行い，前年度のしおりを見て，教師とどの内容を載せるか確認した。2 回目は，インターネットを使って，訪問地の様子や有名なお土産品を調べた。3 回目は，前年度のしおりを参考に，表紙，工程表，持ち物等の担当に分かれ，教師と相談しながらワープロで原稿を作成した。教師からの支援は，写真の取り込みのような技術的に難しい作業にとどめ，生徒の思いや好みで文字を打ち込み，文を作成していった。4 回目は，それぞれに作成した印刷原稿を，3 人と教師でタイプミスがないか，図や写真の配置は見やすいかなどを細かく確認した。5 回目は，完成した原稿を印刷し，製本を行い，修学旅行に参加する全員分のしおりとして仕上げた。

こうして出来上がったしおりを，修学旅行に向けての取り組みの初日に，担当した 3 人から全員に配付した。しおりの説明も 3 人が務め，日程を確認し，さらには訪問地での他の特別支援学校との交流会の準備活動に取り組んだ。

学習課題

1．実践例にある知的障害のある児童生徒の学びの姿から，教科別の指導を行う際に配慮しなければならないことをまとめてみよう。
2．教科別の指導と各教科等を合わせた指導と関連付けて実践することの必要性について考えてみよう。

引用文献

文部省『特殊教育百年史』1978 年
文部科学省『特別支援学校学習指導要領解説　各教科等編（小学部・中学部）』開隆堂出版　2018 年

9 授業改善と知的障害教育

佐藤愼二

《目標＆ポイント》 社会に開かれた教育課程という理念のもとでの知的障害教育とその授業改善について学ぶ。主体的・対話的で深い学びの実現を目指す授業のあり方やその評価，そして，それらを包括し，学習効果の最大化を図る組織的・計画的なカリキュラム・マネジメント等，知的障害教育で留意すべき点について理解する。

《キーワード》 社会に開かれた教育課程，授業改善と知的障害教育，カリキュラム・マネジメント，主体的・対話的で深い学び，学習評価

1. はじめに

2017（平成 29）年告示特別支援学校学習指導要領（以下，本文と記す。「特別支援学校学習指導要領解説」については解説と記す）では，「社会に開かれた教育課程」の理念のもとで，育成を目指す資質・能力として「（1）知識及び技能が習得されるようにすること，（2）思考力，判断力，表現力等を育成すること，（3）学びに向かう力，人間性等を涵養すること」の三つの柱を示し，実社会・実生活に汎用性のある生きる力の具現化を求めた。また，そこでは「主体的・対話的で深い学びの実現に向けた授業改善」や「教育課程を軸に学校教育の改善・充実の好循環を生み出す『カリキュラム・マネジメント』の実現を目指すこと」などが提起された。

そこで，本章では知的障害教育に求められる「授業改善」とその評価を含む「カリキュラム・マネジメント」を中心に解説する。

2．社会に開かれた教育課程と授業改善

（1）社会に開かれた教育課程とは

今回の学習指導要領の前文では「教育課程を通して，これからの時代に求められる教育を実現していくためには，よりよい学校教育を通してよりよい社会を創るという理念を学校と社会とが共有し，それぞれの学校において，必要な学習内容をどのように学び，どのような資質・能力を身に付けられるようにするのかを教育課程において明確にしながら，社会との連携及び協働によりその実現を図っていくという，社会に開かれた教育課程の実現が重要となる」との記述があり，学校が社会を創るという骨太の理念のもとでの社会との協働性が提唱されている。

そこでの学習指導要領には，家庭，地域社会と協働する「学びの地図」としての役割が期待される一方，学校教育には，①「何ができるようになるか」（育成を目指す資質・能力），②「何を学ぶか」（教科等を学ぶ意義と，教科等間・学校段階間のつながりを踏まえた教育課程の編成），③「どのように学ぶか」（各教科等の指導計画の作成と実施，学習・指導の改善・充実），④「子供一人一人の発達をどのように支援するか」（子供の発達を踏まえた指導），⑤「何が身に付いたか」（学習評価の充実），⑥「実施するために何が必要か」（学習指導要領等の理念を実現するために必要な方策）の６つの観点から，その改善・充実が求められているのである。

（2）社会に開かれた教育課程と知的障害教育

知的障害教育は，これまでも自立と社会参加を目標に，その教育活動を学校内にとどめることなく，広く地域社会にその場を求めてきた歴史的経過がある。「街は大きな教室」という喩えのとおり，産業現場等で

の実習で企業等と連携を図ったり，駅のコンコースやショッピングモールでの作業製品の販売会をしたりする活動に象徴されるような実社会・実生活に密着した教育活動を組織し，展開してきた。

今回，社会に開かれた教育課程の理念のもとで，学校教育とその中心である授業の改善をさらに図るためには，地域のリソースの一層の活用促進が求められる。また，交流及び共同学習の充実・発展と地域の障害者理解の広まりという側面も意識する必要がある。学校教育は，地域との協働性のもとで，教育活動の実社会性・実生活性を高め，子どもの自立と社会参加を支えることになる。まさに，共生する社会を創るという理念の実現に向けた実践が，今後は求められている。

3．主体的・対話的で深い学びの実現に向けた授業改善

(1)「主体的」について

①　学習指導要領の記述から

「学校の教育活動を進めるに当たっては，各学校において，第 4 節の 1 に示す主体的・対話的で深い学びの実現に向けた授業改善を通して，創意工夫を生かした特色ある教育活動を展開する」（本文）と示され，実社会・実生活での汎用性のある資質・能力の育成を目指すために「主体的・対話的で深い学びの実現に向けた授業改善」の必要性が提起されている。

つまり，確かな生きる力を育むためには「どのように教えるのか」という教師目線の単なる方法論ではなく，子どもが「どのように学ぶ」のが望ましいのかという学びの姿に着目する重要性が提起されたのである。子どもが自分から，自分の力で，仲間とともにめいっぱい取り組む姿を具現化するという教育の普遍的な価値を再確認したい。

②　知的障害教育における主体性

「特別支援教育は，障害のある幼児児童生徒の自立や社会参加に向けた主体的な取組を支援するという視点に立ち，幼児児童生徒一人一人の教育的ニーズを把握し，その持てる力を高め，生活や学習上の困難を改善又は克服するため，適切な指導及び必要な支援を行うものである」(「特別支援教育の推進について（通知)」文部科学省，2007〈平成19〉年）とされている。これまでも，特別支援教育においては子どもの「主体的な」姿の実現は大きな目標とされてきた。

さらに，解説には「……主体的に活動に取り組む意欲が十分に育っていないことが多い。(略）児童生徒の自信や主体的に取り組む意欲を育むことが重要となる」とされ，知的障害のある子どもの困難性が指摘される。しかし，この指摘に関しては，「障害」に要因を求めるのではなく，「子どもが主体的に取り組みたくなる授業になっていない」という支援の質の問題として謙虚に受け止め，授業改善に結び付ける姿勢が大切である。このように，子どもの「主体性」の実現は知的障害教育の普遍的・根本的な目標でもある。

③　生活の中での主体性

本文「指導計画の作成と各教科全体にわたる内容の取扱い」では，「個々の児童の実態に即して，生活に結び付いた効果的な指導を行うとともに，児童が見通しをもって，意欲をもち主体的に学習活動に取り組むことができるよう指導計画全体を通して配慮するものとする」とあり，「今回の改訂では，個々の児童が，意欲をもち，主体的に学習活動に取り組むことがより一層重要であることから『主体的』を加えて示した」(解説）と説明されている。つまり，前段に「生活に結び付いた効果的な指導」とあるように，知的障害教育における「主体的」は日常生活や社会生活の文脈の中で，「実社会・実生活」に直結する力として発揮されることが期待されている。

(２)「対話的」について

「対話」の意味は丁寧に検討したい。知的障害のある子どもは話し言葉での会話は困難な場合も多いことから，幅広く言語的・非言語的なコミュニケーションという受け止めが必要である。さらに，「表現」の側面では，視線や表情も含めジェスチャーから話し言葉だけでなく，ICTの進歩によりさまざまなコミュニケーション支援機器が開発されていることから，それらを含めた表現も検討する必要がある。

また，「対話」には「表現」だけでなく，「理解」も含まれる。友だちや教師からの表現を理解したり，受け止めたりして取り組む姿も想定される。楽しく・やりがいのある活動の中で，お互いの気持ちを感じ合うからこそ，「表現」したくなり，「理解」したくなる。

加えて，「対話」は「対人」だけではないという理解も大切である。すなわち，仲間と遊びに没頭したり，製品づくりに真剣に向き合ったりする等の楽しさ，やりがい，緊張感ある雰囲気等の共鳴的・共感的・情動的側面の共有も含めて「対話」と幅広く理解されるべきである。

つまり，「対話」には「共通の生活目標の実現に向けて，仲間と共にめいっぱい活動している姿」という，より本質的な側面があることに留意が必要である。

(３)「深い学び」について

「深い」とは，活動にのめり込むように取り組み，「持てる力」が最大限発揮されている姿と受け止めることができる。それは，子どもたちがこれまで身に付けてきた知識や技能を関連付け，思考・判断・表現しながら活動に向かい没頭する姿である。

すなわち，さまざまな困難性を抱える子どもたちであっても，適切な支援を得て，その子どもらしさ・よさ・持ち味のすべてが発揮され活動に取り組む姿と理解したい。その過程の中で，めいっぱい，力を繰り返し使う中で，力が力として確実に身に付いていく様子を「深く」と押さえたい。

なお，「主体的」「対話的」「深い」は別々に追究されるものではない。子どもが意欲的に取り組む姿に一体的に具現化されると理解する必要がある。その意味で不断の「授業改善」が求められているといえよう。

（4）「単元化」について～生活上の目標の重要性

先に，「生活に結び付いた効果的な指導」と引用したように，知的障害教育では実社会・実生活との結び付きや実際的な状況下での活動が重視される。「生活単元学習は，児童生徒が生活上の目標を達成したり，課題を解決したりするために，一連の活動を組織的・体系的に経験することによって，自立や社会参加のために必要な事柄を実際的・総合的に学習するものである」という定義に象徴されるように，「生活上の目標」は子どもの学びを「主体的・対話的で深い」ものにする大きな要件となる。

それは，本文「教育課程の実施と学習評価」に「単元や題材など内容や時間のまとまりを見通しながら，児童又は生徒の主体的・対話的で深い学びの実現に向けた授業改善を行うこと」とされるとおりである。「生活上の目標」があるからこそ，その実現に向けてその子どもなりの見通しをもって自分から取り組む姿が期待される。

「各教科等を合わせた指導」だけでなく，「教科別の指導」等のすべての授業において，生活上の「何のために」という目標の実現に向けた「まとまりと見通し」が求められる。すなわち，「単元化」は，知的障害教育における「主体的・対話的で深い学びの実現に向けた授業改善」の大きなポイントとなる。

なお，本書の各章で知的障害教育における授業づくりについて解説されている。その要点については，各章とあわせて確認したい。

（5）授業研究（会）の活性化

本章では引き続き，「学習評価」にも触れるが，その中心を担うのが授業改善のための授業研究（会）の活性化である。子どもにとって授業はまさに学校生活の中心であるように，教師の中心的な仕事も「授業」であり，その改善のための研究は本分でもある。これは私たち教師一人ひとりの努力のみならず，各学年，各学部，そして全校的に，年間を通じて「組織的・計画的」に展開する必要がある。自立と社会参加に向けて「主体的・対話的で深い学び」になるように授業改善の不断の努力が求められている。

4．学習評価の充実

（1）知的障害教育における学習評価の特徴は何か？

知的障害教育における学習評価は，自立と社会参加に向けた実社会・実生活に生きる汎用性のある資質・能力の育成に結び付く活動が展開され，子どもに「生きる力」が身に付いたかどうかの確認，また，そのための活動計画や支援の改善を目的としている。

①　自立と社会参加に向けて

今回の改定では，「児童の実態に即して自立や社会参加に向けて経験が必要な事項を整理した上で，指導するよう配慮するものとする」（本文「指導計画の作成と各教科全体にわたる内容の取扱い」）と新たに示された。特に，知的障害教育の学習評価で大切にされるべき基準は「自立と社会参加」である。その解説では，「児童の自立と社会参加に向けて，小学部6年間を見通しながら，小学部段階での学習を通して育成を目指す資質・能力を整理し，適宜，学習状況の評価を行いながら，繰り返し経験することで学習の定着を図ったり，経験の拡大を図ったりしていくことなど，計画－実施－評価－改善のサイクルを踏まえて指導計画を適宜修正・加筆し，指導していくことが重要」であるとした。

すなわち，自立と社会参加を確かにするために，計画－実施－評価－改善のサイクルを機能させ，日々の授業，単元，あるいは，学期，年間それぞれの段階で，第14章で詳細に検討される個別の指導計画や個別の教育支援計画も活用しながら，子ども一人ひとりの評価の充実と授業改善を一体的に検討する必要がある。

②　生活の充実と発展

自立と社会参加に向けては，当然，現在の学校生活・家庭地域生活の充実・発展が欠かせない。日々の生活への自立的・主体的な取り組みが，結果として，将来の自立と社会参加に結び付く。すなわち「学校と家庭等とが連携を図り，児童の学習過程について，相互に共有するとともに，児童が学習の成果を現在や将来の生活に生かすことができるよう配慮するものとする」（本文「指導計画の作成と各教科全体にわたる内容の取扱い」）という視点が大切にされる。

その解説では，「学校で学習した内容については，家庭生活を含む日常生活の様々な場面で，学習した内容を深めたり，生活の範囲を広げたり，生活を高めたりすることにつながるよう指導することが重要である。（略）学習した内容を実際の生活で十分に生かすことができるようにするためには，実際の生活や学習場面に即して活動を設定し，その成果を適切に評価して，児童がより意欲的に取り組むことができるように，指導方法等を工夫することが大切である」と指摘されている。

子どもが本音で楽しみにするやりがいのある学校生活が実現すると，子どもは家庭生活，地域生活でもその子らしさと持てる力を発揮しはじめる。そして，保護者もそれを実感し，本物の連携のチャンスが生まれる。それを子どもの生活が深まり，生活が広まり，生活が高まる大きな契機としたい。

知的障害教育における学習評価は，子どもと保護者が生活の充実と発展を実感し，自立し社会参加に向けての意欲が高まっているかどうかも含めた，多面的な観点を有していることを確認したい。

（２）組織的・計画的な取り組みの重要性

先に，「計画－実施－評価－改善のサイクル」の重要性を指摘したが，それを機能させるためには学校全体としての「組織的・計画的」な取り組みが欠かせない。知的障害教育では特に「個別の指導計画」に即したミクロの視点も大切になる。子ども一人ひとりの様子を複眼的に検討し，「学習状況や結果を適切に評価し，指導目標や指導内容，指導方法の改善に努め，より効果的な指導ができるようにする」（本文）必要がある。

一方で，その子ども一人ひとりの様子も踏まえながら，教育課程の改善・充実という学校全体のマクロの視点が大切になる。「学年や学校段階を越えて児童又は生徒の学習の成果が円滑に接続されるよう工夫すること」（本文）と指摘される。そのためには，自立と社会参加に向けた実社会・実生活で汎用できる資質・能力の育成，すなわち，教育目標の実現のために，小学部・中学部・高等部が一貫した教育活動を展開する必要がある。その意味では，学習評価の成果は，最終的には学校全体の教育課程全般の見直しの契機となる。

学習評価を「組織的・計画的」に展開することで，学校・学年行事をはじめとした学校生活全体を整え，子どもの確かな成長を支えていくことになる。

（３）観点別評価の意義と活用

新しい学習評価のポイントの一つが観点別評価である。「教科別の指導を行う場合や各教科等を合わせて指導を行う場合においても，各教科の目標に準拠した評価の観点による学習評価を行うことが必要である」（解説）と指摘されるとおりである。ここでの「観点」とは，すでに触れた「（1）知識及び技能が習得されるようにすること，（2）思考力，判断力，表現力等を育成すること，（3）学びに向かう力，人間性等を涵養すること」として示される三つの柱になる。ある授業を評価する際に，その授業目標や子どもの個別目標が達成されたかどうかを三つの方向から多面的に評価することになる。

最終目標は，自立と社会参加に向けた実社会・実生活で生きる汎用性のある資質・能力の育成，すなわち「生きる力」である。子どもたちがその大目標に向けて，知識や技能を身に付け，それらを関連付け活用しながら思考・判断・表現し，意欲的に取り組んでいるかどうかを多面的・一体的に評価することになる。

この観点別の評価を実施することにより，ある単元や授業とそこでの子どもの姿をより分析的に把握することができる。たとえば，ある作業学習の製品づくりの場面で，「さらに多くの製品数を目標に意識していたら（思考・判断・表現等），意欲が喚起されより主体的に繰り返し取り組むことになり（学びに向かう力等），知識や技能もさらに高まるのではないか」という検討・評価が可能になる。

これら三つを独立した観点として機能させるのではなく，相互に関連付けることで，ある授業や子どもの姿をよりよく描き出したい。それにより，単元，授業，実際の支援の具体的な改善に役立てる必要がある。

5．カリキュラム・マネジメントと知的障害教育

（1）カリキュラム・マネジメントとは何か？

①　学習指導要領の記述から

今回は「各学校においては，児童又は生徒や学校，地域の実態を適切に把握し，教育の目的や目標の実現に必要な教育の内容等を教科等横断的な視点で組み立てていくこと，教育課程の実施状況を評価してその改善を図っていくこと，教育課程の実施に必要な人的又は物的な体制を確保するとともにその改善を図っていくことなどを通して，教育課程に基づき組織的かつ計画的に各学校の教育活動の質の向上を図っていくこと（以下『カリキュラム・マネジメント』という）に努めるものとする。その際，児童又は生徒に何が身に付いたかという学習の成果を的確に捉え，第３節の３の（3）のイに示す個別の指導計画の実施状況の評価と改善を，教育課程の評価と改善につなげていくよう工夫すること」（本文）と示された。

すなわち，実社会・実生活の中で汎用できる生きる力を育むために，各教科等の学びの関連性と地域との協働性をより一層高める社会に開かれた教育課程の展開とその改善の求めである。

②　知的障害教育におけるカリキュラム・マネジメント

自立と社会参加に向けた実社会・実生活で生きる汎用性のある生きる力の育成という教育目標の実現に向けて，教科等横断的な教育課程編成と個別の指導計画の作成と活用を行い，さらに，校内外のリソースを活用しながら，計画－実施－評価－改善の好循環を生み出し，学習効果の最大化を図ることになる。

「教科等横断的」な側面については，知的障害教育は伝統的に「各教

科等を合わせた指導」を大切にしてきた経緯がある。その蓄積を生かし，より実社会・実生活に直結する教育活動を組織する必要がある。その際，子ども一人ひとりに何が身に付き，何ができるようになり，生活がより豊かになっているのかを「個別の指導計画」,「個別の教育支援計画」を基に評価する必要がある。その結果を教育課程，学校教育の改善・充実に結び付けることになる。

（2）学校生活全体の評価

「4. 学習評価の充実」で触れた授業や教育課程，個別の指導計画に基づく，子ども一人ひとりの評価も含めた教育活動全般の検討も踏まえ，学校生活全般の評価・改善・充実が求められる。つまり，子どものさらなる成長を願い，単元・授業の充実・発展を図ろうとすれば，当然のことながら，学校・学年等の行事を含む年間活動計画や時間割の見直しが求められることもある。加えて，小学部・中学部・高等部，そして，卒業後の生活を見通したときに，各学部の教育課程の一貫性に関する検討も必要となる。

また，施設設備や教室配置等の子どもの動線，校内掲示や装飾，教室表示，教室環境の整備，教材教具，道具・補助具，遊具，あるいは，校庭や校舎・学校周りの活用等，物的・空間的分かりやすさ・過ごしやすさ等，その時期の生活の目標・テーマに応じて学校生活全般を整える姿勢が大切になる。

さらには，すでに触れてきた地元の企業やハローワーク等の労働分野，自治体の福祉部署，放課後等デイサービス等の福祉分野，加えて，言語聴覚士，作業療法士，医療関係者等の専門家との協働による支援の最大化も図ることになる。

その姿は，まさに，コミュニティ・スクールそのものであり，保護者による学校評価も活用しながら，チーム学校として，教育目標の具現化を目指すことになる。

学習課題

1．社会に開かれた教育課程という理念のもとでの知的障害教育のあり方を考えてみよう。
2．主体的・対話的で深い学びの実現を目指す知的障害教育の授業のあり方を考えてみよう。
3．知的障害教育におけるカリキュラム・マネジメントのポイントを考えてみよう。

引用文献

文部科学省『特別支援学校幼稚部教育要領　小学部・中学部学習指導要領』海文堂出版　2018 年
文部科学省『特別支援学校教育要領・学習指導要領解説　総則編（幼稚部・小学部・中学部）』開隆堂出版　2018 年
文部科学省『特別支援学校学習指導要領解説　各教科等編（小学部・中学部）』開隆堂出版　2018 年

10 特別支援学級の教育 I ～小学校知的障害特別支援学級を中心に

佐藤愼二

《目標＆ポイント》 この「特別支援学級の教育 I」と次章のⅡは連続した構成になっている。本章では，特別支援学級の現状を学び，その教育課程の特色について，法令や学習指導要領等を踏まえて理解する。その上で，小学校知的障害特別支援学級で教育課程を編成する際の実際的な留意事項および授業づくりのポイントについて学ぶ。続く，第 11 章では，中学校知的障害特別支援学級の学級づくり・授業づくりと，小学校・中学校知的障害特別支援学級に共通する学級経営の重要事項について解説する。

《キーワード》 小学校知的障害特別支援学級，特別の教育課程，授業づくり，学級経営

1．特別支援教育と特別支援学級

第 15 章で触れるように，障害等を含む子どもの教育的ニーズに応じて，子どもの学びの場は柔軟に選択される時代になっている。特別支援学級は，障害のある子どもに充実した教育的支援を図るために設置する特別な学級で，通常の学級，特別支援学校，通級による指導と同様に，「多様な学びの場」の一つとして機能している。

2007（平成 19）年 4 月，学校教育法の一部改正により，特殊教育から特別支援教育に転換した。以前の特殊教育の時代は，障害の種類や程度に応じ，特別な場を中心に教育的支援が行われていたが，特別支援教育では，幼稚園段階から高等学校段階まで，通常の学級も含むすべての

教育の場で教育的支援が行われるようになった。

具体的には，学校教育法第 81 条第 1 項において「幼稚園，小学校，中学校，高等学校及び中等教育学校においては，次項各号のいずれかに該当する幼児，児童及び生徒その他教育上特別の支援を必要とする幼児，児童及び生徒に対し，文部科学大臣の定めるところにより，障害による学習上又は生活上の困難を克服するための教育を行うものとする」とされた。すなわち，障害のある子どもの教育的支援は，通常の学級も含め，どの教育の場でもなされることが前提となっている。その上で，同 81 条第 2 項では，特別支援学級について「小学校，中学校，高等学校及び中等教育学校には，次の各号のいずれかに該当する児童及び生徒のために，特別支援学級を置くことができる。一　知的障害者，二　肢体不自由者，三　身体虚弱者，四　弱視者，五　難聴者，六　その他障害のある者で，特別支援学級において教育を行うことが適当なもの」と規定している。

通常の学級においても障害等による教育上特別の支援を行うのであるが，その教育的ニーズに応じてさらに最適な条件を提供できる教育の場として特別支援学級が設置されている。そのため，特別支援学級は，少人数の学級編制ができることに加えて，子どもの様子に応じて，柔軟に教育課程を編成できるようになっている。このように，通常の学級に比して，子ども一人ひとりに合わせた教育的支援ができるのが特別支援学級ともいえる。

2．知的障害特別支援学級の対象と現状

（1）知的障害特別支援学級と特別支援学校

特別支援学級の対象である障害の種類および程度については，文部科学省の通知（25 文科初第 756 号）によって定められている。同通知では，

「ア　知的障害者，イ　肢体不自由者，ウ　病弱者及び身体虚弱者，エ　弱視者，オ　難聴者，カ　言語障害者，キ　自閉症・情緒障害者」として，障害の種類を示している。なお，先に見た学校教育法第81条第2項では特別支援学級の対象の障害種を示しているが，同規定の「六　その他障害のある者」の対象は，「言語障害」と「自閉症・情緒障害」であることがわかる。

さらに，同通知では，特別支援学級に入級する目安として知的障害の程度を「知的発達の遅滞があり，他人との意思疎通に軽度の困難があり日常生活を営むのに一部援助が必要で，社会生活への適応が困難である程度のもの」と示している。

一方，特別支援学校の知的障害の程度は，学校教育法施行令第22条第3項において「一　知的発達の遅滞があり，他人との意思疎通が困難で日常生活を営むのに頻繁に援助を必要とする程度のもの。二　知的発達の遅滞の程度が前号に掲げる程度に達しないもののうち，社会生活への適応が著しく困難なもの」と規定している。

比較すると，特別支援学級に在籍する子どもは知的障害による学習上または生活上の困難と支援の必要性は，特別支援学校よりは少ないことが想定されている。しかし，実際は必ずしもそうではない。

第15章でも触れるように，2013（平成25）年8月，インクルーシブ教育システムの整備の一環で学校教育法施行令が改正され，就学先決定の仕組みが見直された。先の就学基準に該当する障害のある子どもは特別支援学校に原則就学するという従来の就学先決定の仕組みを改め，本人の教育的ニーズ，本人・保護者の意見，学校や地域の状況等を踏まえた総合的な観点から就学先を決定する仕組みに改められた。加えて，特別支援学校と小・中学校間での転学もしやすくなったこともあり，特別支援学級の子どもの様子は多様になりつつある。

特別支援学校への通学距離が長く負担が大きい場合には，自宅から通いやすい特別支援学級で学ぶ子どももいる。加えて，できるだけ地元の小・中学校で学びたいという子ども本人や保護者の希望もある。文部科学省によれば，2016（平成 28）年度，全国の市区町村教育支援委員会で，10,281 人の子どもが特別支援学校相当と判断されたが，結果として指定された就学先は，公立特別支援学校が 7,192 人（70.0%），公立小学校が 3,055 人（29.7%）であった。

特別支援学級に限らず，通常の学級，特別支援学校も含めて，多様な教育的ニーズへの対応が求められている。

（2）特別支援学級の設置状況等

次表は文部科学省「特別支援教育資料」からの抜粋である。先に触れたように，特殊教育から特別支援教育への転換が図られた 2007（平成 19）年度と 10 年後の 2017（平成 29）年度の小学校および中学校特別支援学級（知的障害及び自閉症・情緒障害）の設置状況と在籍人数を比較したものである。

2007 年度の小学校・中学校全児童生徒数 10,815,272 人に対し，2017 年度は，9,874,138 人で，児童生徒数は 941,134 人減少している。それ

表 10－1　児童生徒数等の推移

		2007（平成 19）年度	2017（平成 29）年度
全児童生徒数		10,815,272 人	9,874,138 人
知的障害	学級数	20,467 学級	27,054 学級
	在籍数	66,711 人	113,032 人
自閉症・情緒障害	学級数	12,727 学級	25,727 学級
	在籍数	38,001 人	110,452 人
免許保有率		32.4 %	30.7 %

＊免許保有率－知的障害，自閉症・情緒障害特別支援学級だけでなく，言語障害等も含む特別支援学級担任が特別支援学校教諭免許状を保有している割合。

＊2007（平成 19）年度調査当時の「自閉症・情緒支援特別支援学級」は「情緒障害特別支援学級」との名称であった。

にもかかわらず，知的障害特別支援学級では46,321人（約1.7倍），自閉症・情緒障害特別支援学級では，72,451人（約2.9倍）と在籍者数が増えている。一方で，特別支援学校教諭免許状の保有率は約30%と低く，免許状保有率からも専門性の担保が求められている。

また，特別支援学級の設置に関しては地域差も大きい。先の表のデータをもとに単純に算出すると，1学級あたり在籍人数は平均4.2人となる。しかし，最大は東京都で6.5（6.5）人，最小は秋田県で2.5（2.2）人となっている（カッコ内の数値は各々中学校）。背景には，地域の小・中学校の数や一つの学校の学区の広さ等のさまざまな要因がある。

3．特別支援学級の教育課程

（1）法的な位置付け

学校教育法施行規則第138条には「小学校若しくは中学校又は中等教育学校の前期課程における特別支援学級に係る教育課程については，特に必要がある場合は（略）特別の教育課程によることができる」（傍点筆者）とある。さらに，同第139条には「前条の規定により特別の教育課程による特別支援学級においては，文部科学大臣の検定を経た教科用図書を使用することが適当でない場合には，当該特別支援学級を置く学校の設置者の定めるところにより，他の適切な教科用図書を使用することができる」とある。つまり，特別支援学級では，制度の上から小学校等の通常の教育課程によらず，別に教育課程を編成することができるようになっている。

その理由は，小学校学習指導要領解説（以下，解説と記す）にあるように，「特別支援学級は，学校教育法第81条第2項の規定による，知的障害者，肢体不自由者，身体虚弱者，弱視者，難聴者，その他障害のある者で，特別支援学級において教育を行うことが適当なものである児童を対象とする学級であるとともに，小学校の学級の一つであり，学校教育法に定める小学校の目的及び目標を達成するものでなければならない。ただし，対象となる児童の障害の種類や程度等によっては，障害のない児童に対する教育課程をそのまま適用することが必ずしも適当でない場合がある」ためである。

（２）「特別の教育課程」とは？

小学校学習指導要領（以下，本文と記す）では，「特別の教育課程」を次のように述べている。すなわち「（ア）障害による学習上又は生活上の困難を克服し自立を図るため，特別支援学校小学部・中学部学習指導要領第７章に示す自立活動を取り入れること。（イ）児童の障害の程度や学級の実態等を考慮の上，各教科の目標や内容を下学年の教科の目標や内容に替えたり，各教科を，知的障害者である児童に対する教育を行う特別支援学校の各教科に替えたりするなどして，実態に応じた教育課程を編成すること」（傍点筆者）である。

なお，「特別の教育課程」の編成では，特別支援学級が小学校の一つの学級であることから，「なぜ，その規定を参考にするということを選択したのか，保護者等に対する説明責任を果たしたり，指導の継続性を担保したりする観点から，理由を明らかにしながら教育課程の編成を工夫することが大切であり，教育課程を評価し改善する上でも重要である」と示されている。

（３）知的障害特別支援学級における「特別の教育課程」

①　各教科等を合わせた指導の重視

今回の学習指導要領改訂では，上記のように本文に「各教科を，知的障害者である児童に対する教育を行う特別支援学校の各教科に替えたりするなど」という記載がなされた。知的障害教育においては，子どもの生活を大切にする「各教科等を合わせた指導」が，従来から変わらぬ効果的な指導法として「特別支援学校学習指導要領解説」に示されている。そのため，知的障害教育の各教科を適用する際には，「各教科等を合わせた指導」の指導形態である「生活単元学習」，「作業学習」等を特別支援学級の実践でも大切にしたい。

② 「特別の教育課程」の現状

では，知的障害特別支援学級の教育課程の実態はどうなっているか。井上和久ら（2016）の調査によれば，知的障害特別支援学級の79％が，各教科等を合わせた指導を教育課程に位置付けている。また，2014（平成26）年に，全国特別支援学級設置学校長協会が，全国の知的障害特別支援学級を対象にした調査によれば，知的障害特別支援学級の70（66）％が「各教科等を合わせた指導＋教科別の指導」，19（26）％が「下学年の教科」，11（8）％が「学年相応の教科」で教育課程を編成している（カッコ内の数値は各々中学校）。このように，知的障害特別支援学級の多くが，特別支援学校（知的障害）の教育課程を参考に，学級の教育課程を編成している。

③ 自立と社会参加を目指して

特別支援学級を含め，知的障害のある児童生徒への教育の目的は「自立と社会参加」である。生活の自立を目指し，生活に必要な内容が重視される。教育課程の中心に，生活単元学習，作業学習等の各教科等を合わせた指導を位置付け，過ごしやすく，学びやすい学校生活にする。

教科別の指導を行う場合，通常の教育に準じて，下学年の内容から系統的に取り組む例があるが，必ずしも十分な効果が得られないことも少なくない。そのため，先に触れたように，生活の自立を目指す目標・内容で構成される知的障害教育の各教科とその指導法である「各教科等を合わせた指導」を大切にし,「自立と社会参加」に向けて，実際的で具体的な生活化した内容を重視して教育課程を編成することになる。

4. 自立を目指す教育課程の実際

(1) 子どもの様子を確認する

新設学級の場合には，教育委員会の担当者が入級する子どもたちの様子をまとめた資料を保管している。既設学級の場合には，できればフェイストゥフェイスの引き継ぎを前提に，子どもの様子を把握する。

- ○健康・安全上の配慮事項－障害名とその配慮の基本，発作の有無，アレルギー，パニック等の有無
- ○医療機関等との関わり－医療機関名，服薬の有無とその薬の作用と副作用，児童発達支援センターや民間の療育機関との関わり
- ○教育活動の制約の有無－上記に関連してプールや体育的活動，あるいは，宿泊を伴う活動，校外学習での配慮事項
- ○子どものよさ・得意と苦手・不得意－好きな活動，得意な遊び，趣味等
- ○通学方法・通学路
- ○個別の教育支援計画，支援シート等

既設学級の場合は，通知表のコピー，保護者との個別面談記録，家庭訪問記録，健康調査票，就学支援関係資料，医療機関からの情報資料…等も確認する。なお，これらの情報が，後述する個別の指導計画（個別の教育支援計画）としてまとめられている場合もある。

子どもの様子を把握する際に大切なことは，子どもの得意なこと・よさ・できることに目を向けることである。それらが発揮される活動からスタートする姿勢が求められる。

（2）学校環境・学校周辺環境の確認

①　学校全体が大きな教室

たとえば，グラウンドの固定遊具が豊富ならば，本格的なサーキット運動を取り入れ，子どもたちと一緒にサーキット用具を手作りして加えて活動を盛り上げるなど学校環境を生かす発想が大切になる。フェンス周りの日当たりがよければ花壇づくりができ，木立が豊富ならば，秋から冬にかけて落ち葉で花壇用の堆肥づくりもできる。

「各教科等を合わせた指導」を中心に発想すれば，学校環境はそのまま教材になる。

○グラウンドの様子と固定遊具　○木立の様子　○フェンス周りの状況 ○音楽・体育・図工関係の備品　○畑や専用花壇　○飼育舎　○池 ○屋上や校舎の裏手の様子…等

②　街は大きな教室

先に，「学校全体が大きな教室になる」と記したが，生活の自立を目指す特別支援学級にとっては，さらに，学校周辺の「街そのものが大きな教室」になる。実社会・実生活で汎用性の高い生きる力を大切にするには，教育活動を地域社会の中にこそ求める必要がある。

街中にある学校ならば，交通機関を積極的に利用する活動を繰り返し仕組んだり，地域の図書館等の公共機関に出かけてその利用の仕方を学んだりする。近くの公民館と連携すれば，学級で製作した椅子やベンチ等を活用してもらう，プランターに定期的に草花を植え替えるなど，地域の役に立つ活動を継続的に組織することができる。

自然が豊かならば，弁当を作って定期的にハイキングやサイクリングに行く活動を用意したり，休耕田や山の草木を利用させてもらったりする。地元の名産や伝統芸能があるならば，それらの活動に継続的に取り組むことで地域との交流及び共同学習に発展させていく。

学習指導要領では「社会に開かれた教育課程」が大きなキーワードになっている。子どもたちが暮らす身近な地域としっかりつながりながら，自立と社会参加を目指したい。

○学校周辺の自然　○公園　○公共機関（図書館，役所，交番，消防署等）○地元の名産品（果物，野菜，工芸品等）　○地元の伝統芸能（踊り，太鼓など）　○道路状況及び公共交通機関　○さまざまなお店　○校外に借りている畑　○工業団地…等

（3）年間計画・授業計画のポイント～「自分が子どもだったら！」

①　生活上の目標設定の大切さ

子どもが目の色を変え，主体的に取り組みたくなる生活上の目標や活動が大切である。それには，「自分が子どもだったら！」の思いで，年間の学級生活・授業づくりを発想する。

まずは，地域の特別支援学級合同運動会，作品展，発表会，作業製品販売会等の特別支援学級合同行事の時期を確認する。行事は，身に付けた力をより大きな場で，より多くの人の前で発揮して，称賛されることを通して，さらに力を高める機能がある。それらがその期間の生活・活動の中心になるように年間計画を立案する。さらに，校内の運動会や歌声発表会等には，交流学級での参加だけでなく，学級独自の種目や発表を用意する。計画的に練習を積み上げ，全校の子ども・保護者の前で存在感あふれるパフォーマンスを披露したい。

②　学年行事の確認と学級独自の単元

上記と並行して，修学旅行等の各学年の大きなイベントも確認する。各学年との連携を十分に図って，学級でできる支援も行いながら，その子どもにとってよりよいイベントになるように事前の支援をする。

その上で，ある時期のある期間は学級全体で独自に取り組む，楽しく・やりがいある活動を連続的に組織する。そして，（1）（2）で確認したような子どもの様子，学校や地域の資源，季節に応じての各々に留意し，「自分が子どもだったら！」の思いで発想することが大切になる。

○遊ぶ－校庭の固定遊具にプラスの遊具を加えたり，空き教室に遊び場を製作したりして思い切り遊ぶ…等
○ゲーム的活動－身体を使うゲーム，（オリジナル）カードゲームやボードゲーム（ゲームはソーシャルスキルトレーニングの貴重な教材になる）…等
○働く－本格的な製品製作と販売，畑や花壇の活動，近くの企業との連携…等
○演じる－演奏，合唱，踊り・ダンス，劇（演劇，ペープサート，パネルシアター），地元の伝統芸能…等
○つくる－調理的，図工的要素のある活動に連続的に取り組む，地元のゆるキャラ関連グッズの製作，地元の名産品づくり…等
○校外学習－目的地を相談して決めて，行き方，必要経費等を調べて出かける。お弁当を作ってサイクリング，ハイキングに連日取り組む…等

（1）（2）で触れたような子どもの様子と学校・学級の諸条件を踏まえて，子どもが自分から毎日取り組みたくなるような単元・活動を用意する。楽しく・やりがいある活動だからこそ，子どもがその持てる力を繰り返し使い，力を身に付けていく。

③　時間割の作成

交流及び共同学習との関係もあり，必ずしも学級で理想とする時間割ができるわけではない。しかし，特別支援学級の時間割を確定してから，通常の学級の時間割を作成したり，教務主任を中心に構成される時

間割検討会議に特別支援学級担任も参加したりする等，特別支援学級を大切にする学校を目指す。

そして，表 10－2 にあるように，子どもがわかりやすく取り組みやすい帯状の時間割が望ましい。学級集団である以上，生活目標の実現に向けて全員で協力できる時間帯を用意する。楽しく・やりがいある活動にするには，仲間と連日取り組み，力を繰り返し使える生活＝時間割にする。

表 10－2　時間割

月	火	水	木	金
登校・着替え・係活動				
朝の運動（自立活動）・朝の会				
教科等の学習（および個別交流）				
生活単元学習				
昼食・昼休み・清掃				
教科等の学習（および個別交流）				
着替え・帰りの会				

なお，交流及び共同学習や特別教室との関係で，帯状の時間割ができないこともある。その際にも，可能な限り，学級の全員が集まって同じテーマの実現に向けて取り組む時間を用意できるように，学校全体で調整することが必要である。

また，授業時間は 45 分を基本にしつつも，それにこだわることなく，子どもの様子も踏まえて柔軟な時間配分を検討する。子どもにとって苦手意識が強いことも多い算数等の教科別の指導には，15（30）分等の短時間に集中して取り組む方法も検討する。仮に，教科別の指導時間を長く設定する場合も，生活単元学習等で取り組んでいる活動と関連付けて展開することで，子どもにもわかりやすく，生活全体にまとまりができ，取り組みやすい学級生活にすることができる。

5．今後の課題

特別支援学級を取り巻く現状は厳しい。特別支援学級はその設置数の増加に伴い，新たな担任の数もかなり増えている。特別支援学校のように学校全体が特別支援のチームになっている状況とは異なり，特別支援学級新担任の場合には校内外から直接に支援を得られる機会は少ない。特別支援の専門性を担保するための採用・人事のあり方，研修制度，地域のネットワーク等，総合的な体制整備が求められている。

また，学級づくり・授業づくりの大きなポイントともいえる「交流及び共同学習」や「進路支援」等については次章で検討する。

学習課題

1．知的障害特別支援学級の設置数は年々増えている。特別支援教育・知的障害教育を取り巻く現状について他章も踏まえて考えてみよう。

2．知的障害特別支援学級における「特別の教育課程」について，小学校等の学習指導要領等も踏まえて考えてみよう。

3．知的障害特別支援学級における授業づくりの実際的な留意事項について，考えてみよう。

引用文献

井上和久・井澤信三「小学校知的障害特別支援学級の教育課程編成の調査研究―各教科等を合わせた指導の時間割への位置づけとその効果から―」『発達障害研究第 38 巻 3 号』日本発達障害学会　2016 年

文部科学省『小学校学習指導要領』東洋館出版社　2018 年

文部科学省『特別支援学校幼稚部教育要領　小学部・中学部学習指導要領』海文堂出版　2018 年

日本生活中心教育研究会『実践　知的障害特別支援学級―子ども主体の授業づくりのために―』ケーアンドエイチ　2018 年
佐藤愼二『入門　自閉症・情緒障害特別支援学級―今日からできる！自立活動の授業づくり―』東洋館出版社　2019 年
全国特別支援学級設置学校長協会『平成 26 年度　全国調査報告書』2014 年

11 特別支援学級の教育Ⅱ
～中学校知的障害特別支援学級を中心に

高倉誠一

《目標＆ポイント》 青年期の中学校知的障害生徒に対し，どのような教育が求められるのか。実践例を交えてその要点を学ぶ。また，学級経営の重要事項である交流及び共同学習，保護者との連携，個別の教育支援計画と個別の指導計画，進路支援について理解する。
《キーワード》 中学校知的障害特別支援学級，生徒主体，青年期，交流及び共同学習，保護者との連携，個別の教育支援計画と個別の指導計画，進路支援

1．大切にしたい教育のありよう

文部科学省がまとめた「教育支援資料」（平成 25 年）では，知的障害特別支援学級の目標と指導について，次のように述べている。

「知的障害特別支援学級においては，特別の教育課程を編成した上で，小集団により学習環境を整備し，通常の学級に在籍する子供との交流及び共同学習を適切に進めたり，個別対応による指導を徹底したりしている。これらにより，子供の教育上必要な指導内容を提供し，学校生活が充実するようにしている。（略）小学校の知的障害特別支援学級では，心身の諸機能の調和的発達，基本的生活習慣の確立，日常生活に必要な基礎的な知識，技能及び態度の習得，集団生活への参加と社会生活の理解などを目標としている。中学校の知的障害特別支援学級では，小学校における目標を十分に達成するとともに，日常の経済生活についての関心を深め，将来の職業生活や家庭生活に必要な知識，技能及び態度

を身に付けることなどを目標としている」

他章にも見るように，知的障害教育は，生活の自立を目標とし，生活経験を広め・深めることを学びとするところに特色がある。特別支援学級も同様であり，小学校段階では，身辺自立も含め，日常生活での自立を目指し，中学校段階では，さらに将来の働く生活や社会生活を見据えての教育を目指している。

では，知的障害特別支援学級が「特別の教育課程」編成の際に参考とする特別支援学校（知的障害）学習指導要領では，これについてどのようだろうか。「特別支援学校学習指導要領解説」では，中学部を 2 段階に分け，次のように各教科に共通するねらいと内容を示している。

中学部　1 段階

小学部 3 段階を踏まえ，生活年齢に応じながら，主として経験の積み重ねを重視するとともに，他人との意思の疎通や日常生活への適応に困難が大きい生徒にも配慮した内容を示している。この段階では，主として生徒が自ら主体的に活動に取り組み，経験したことを活用したり，順番を考えたりして，日常生活や社会生活の基礎を育てることをねらいとする内容を示している。

中学部　2 段階

中学部 1 段階を踏まえ，生徒の日常生活や社会生活及び将来の職業生活の基礎を育てることをねらいとする内容を示している。この段階では，主として生徒が自ら主体的に活動に取り組み，目的に応じて選択したり，処理したりするなど工夫し，将来の職業生活を見据えた力を身に付けられるようにしていくことをねらいとする内容を示している。

特別支援学校の中学部においても，中学校の特別支援学級と同様に，日常生活の自立に加え，将来の働く生活や社会生活を見据えていることに変わりない。それらに加え，大切にしたい視点として，「生活年齢に応じ」，「主として生徒が主体的に活動に取り組み」が加わっていることに注目したい。青年期らしく，自ら主体的に取り組む頼もしい姿を期待しているのである。

中学校段階の生徒は，身体的にも精神的にも成長が著しい。大人への自覚も芽生え，生活範囲や活動を大きく広げる時期でもある。以上を踏まえ，中学校の知的障害特別支援学級で大切にしたい教育のありようとしては，卒業後の働く生活や社会生活を見据えて，限りなく実社会や実生活に沿い，また，青年期にふさわしい，やりがいや手応えのある活動に，生徒の主体的取り組みを積み重ねることと考えられる。

では，このような教育のありようをどのように具体化するか。次節に，ある特別支援学級の取り組みを例に解説する。

2．ある知的障害特別支援学級の取り組みから

（1）生徒主体で進める学級生活

ある中学校の知的障害特別支援学級（以下，「1組」とする）は，生徒14名（1年生6名，2年生2名，3年生6名），教師2名，支援員1名の計17名で構成される学級である。

「1組」が大切にしていることは，「生徒主体で進める学級生活」である。日々の係活動や作業学習だけでなく，年間の行事等も生徒主体に進める（表11−1）。学級のメンバーで実行委員を組織し，行事等の内容を企画したり，役割分担や進行方法を話し合って，生徒自身で学級生活を運営する。

一般に知的障害のある生徒は，同年齢の生徒に比して生活経験や自分の力で成し遂げるといった成功経験が少ない。だからこそ，学校生活の

表 11－1　実行委員会を組織して取り組む年間行事等（1 組）

開催時期	実行委員会を組織する行事等
4 月	新入生歓迎会
6 月	ブロック交流会
	合同キャンプ
10～12 月	販売会
	合唱祭
	お楽しみ会
1 月	合同発表会
2 月	校外学習
3 月	3 年生を送る会

中で主体的に取り組む経験や生活年齢にふさわしい活動を重ねていくことが大事になる。

一方，生徒がうまく成し遂げ，やり遂げた満足感や成就感を得るためには，教師による「できる状況づくり」が欠かせない。生徒主体の活動を進める上で，活動の選択や役割分担，活動展開上の工夫，グループ編成等，配慮や支援を要する事柄は多様にある（「できる状況づくり」については，第 5 ～ 7 章を参照）。教師は，生徒と共に活動に取り組みながら，個々の生徒に期待する姿を願い，生徒がつまずきそうな場面等を想定しつつ，さりげなく支援を行う。

これら行事等の運営は，3 年生が実行委員長となり，各行事等の実行委員を取りまとめる。準備の計画や掲示物づくりなども生徒たちが話し合いながら協力して進める。3 年生は，教師のさりげないサポートのもと，リーダーの役割を経験するうちに，次第に自信をもって取り組む頼もしい存在に変わっていく。下級生から信頼され，責任感も生まれ，上級生らしく下級生の手助けもできるようになる。2 週間の職場実習も経て，卒業の頃には，すっかり青年期らしい，たくましい姿を見せるようになる。下級生にとっては，3 年生の姿がお手本となり，一緒に活動する中で「先輩のようになりたい」とあこがれを感じ，先輩を見ならって頑張る姿も見られる。

「1 組」ではこのように，年間の行事等をテーマに，各々の生徒が目標やめあてをもち，諸活動の中でそれぞれに役割を担いながら，生徒による主体的な生活の実現を図るとともに，協力し合って充実した学級生活になることを目指しているのである。

(2) 週日課〜見通しをもって取り組める生活に

「1 組」の週日課表を図 11－1 に示す。1 校時の「保健体育」と，3〜4 校時の「作業学習／生活単元学習」が，毎日同じ時間帯に帯状に設定されている。生徒自ら見通しをもって主体的に生活できるよう，週日課をわかりやすくし，規則的でまとまりのある生活になるようにしている。

青年期にある生徒たちである。存分に力を発揮し，打ち込む活動にするためには，十分な「活動量」と「時間枠」の設定も必要である。1 校時の「保健体育」では，毎日 300 m のグラウンドを 10 周するランニングとキックベース，縄跳び（単縄・長縄）に年間を通じて取り組んでいる。ランニングは体を思い切り動かして，一日のよいスタートを切るとともに，青年期にふさわしい体力づくりをねらいとしている。キックベースは，ゲームを楽しみながら，ルールやチームワークなどを身に付けることをねらいとしている。縄跳びは，卒業後も一人で続けていくことができる運動を身に付けることも願っての取り組みである。その他，体育祭や発表会に向け，ダンスなどに取り組むこともある。

日課の中心である 3 ～ 4 校時は，「作業学習／生活単元学習」にあてている。先に見たように，生徒主体で取り組む行事等は年間にいくつもある。これらの行事等を取り組みのテーマに据えて，2 単位時間を確保して，十分に取り組めるようにしている。

「保健体育」以外の各教科については，教科担当の教師中心に特別支援学級で授業を行っている。各教科は，特別支援学校（知的障害）の教科に替え，その時期のテーマに関連付けたりしながら，できるかぎり具体的で実生活に生きる学習となるよう工夫する。たとえば，「数学」では作業学習の売り上げを集計したりグラフ化したり，「音楽」では，合同発表会の歌を取り扱ったりするなどである（図 11－2「年間指導計画」参照）。

なお，「特別の教科『道徳』」と「自立活動」が時間割に表記されていないのは，作業学習など各教科等を合わせた指導も含め，学校生活全般を通して指導するとともに，生徒の様子に応じて，個別的に対応しているからである。

<table>
<tr><th>校時</th><th>曜日 / 時間</th><th>月</th><th>火</th><th>水</th><th>木</th><th>金</th></tr>
<tr><td></td><td>8：20～8：40</td><td colspan="5">清掃，係活動，自習，読書，朝の会</td></tr>
<tr><td>1</td><td>8：45～9：35</td><td colspan="5">保健体育</td></tr>
<tr><td>2</td><td>9：45～10：35</td><td>外国語</td><td>美術</td><td>音楽</td><td>理科</td><td>技術・家庭</td></tr>
<tr><td>3</td><td rowspan="2">10：45～12：35</td><td rowspan="2" colspan="5">作業学習／生活単元学習</td></tr>
<tr><td>4</td></tr>
<tr><td>5</td><td>13：30～14：20</td><td>生活単元学習</td><td>数学</td><td rowspan="2">総合的な学習の時間</td><td>数学</td><td>社会</td></tr>
<tr><td>6</td><td>14：20～15：20</td><td></td><td>国語</td><td>国語</td><td>国語</td></tr>
</table>

図 11－1　1 組（中学校知的障害特別支援学級）の日課表

（3）年間計画〜その時期のテーマで単元化し，まとまりのある一年に

「1組」の一年の生活は，折々の行事等で構成される生活のテーマに生徒自らが主体的に取り組む，自然でまとまりのある生活になっている。知的障害のある生徒が，主体的に学校生活に取り組み，力を発揮する状況を用意しようとすれば，1日，1週間，1年といった流れも含め包括的に生活を整えていく必要がある。このように意図的に生活を整えることを「学校生活づくり」，「学級生活づくり」と言い表すこともある。

「1組」の年間指導計画を図11－2に示す。時期ごとの生活のテーマで，数週間から数ヶ月の期間で単元化することにより，生徒にとってめあて・見通しをもち，まとまりのある生活を用意しているである。

たとえば，4月のテーマは，「新入生歓迎会」である。生徒は新入生を迎えるための活動に取り組む。このイベントは，市内の総合公園に出かけ，生徒たちで企画したレクリエーションを楽しむというものである。この一連の活動を「1組」は，「生活単元学習」として位置付け，3〜4校時の「作業学習／生活単元学習」の時間を使って企画や準備を行う。加えて，教科の授業ではテーマに関連付けた学習に取り組む。たとえば「社会」の時間には，総合公園までのバスの時刻表や運賃調べに取り組むように。こうすることで，生徒は，実際的・具体的状況下で考え，学ぶことができることに加え，この期間，一つのテーマに打ち込んで存分に取り組むこともできるのである。

（4）作業学習の取り組みから

「1組」では，卒業後の働く生活を見据えて「作業学習」に力を入れている。年間を通じて学校農園を利用して「農耕」に関わる作業活動に全員で取り組む。また時期に応じて，学級内に「手工芸班」と「調理

	単元の名称＼月	4	5	6	7	9	10	11	12	1	2	3
各教科	国語	日記・漢字・読書→ 自己紹介カード	詩	民泊先にお礼状	暑中お見舞い	電話のかけ方	説明文を読む	卒業文集	干支の学習	百人一首	物語を読む	両親への手紙
	社会	公共交通機関の利用	交通ルール	地図の見方 ○○県について	○○市について	ゴミの分別について	ゴミの処理 リサイクル	水道の仕組み ダムについて	暮らしの移り変わり	○○県の歴史	校外学習へ向け 路線図・時刻表	社会のルール
	数学	カレンダー作り→ 時間・時計	四則計算 分数	買い物学習→		表・グラフ	売り上げの計算・グラフ作り→			大きい数	文章問題	1年間のまとめ
	理科	身近な植物 春の生き物	畑の野菜について	○○の自然について ウミガメの学習	夏の生き物 星・天気	月の動き 温度・気温の変化	物質の変化 水の姿	秋の生き物 磁石の働き	閉じ込めた空気や水 物のかさと温度	ものの温まり方 電気の働き 回路作り	冬の星 冬の生き物	1年間のまとめ
	音楽	校歌・リトミック→		キャンプの歌	合唱祭の歌→				合同発表会の歌→		3年生を送る会・卒業式の歌→	
	美術	自画像	5組の遠足の絵	体験学習の思い出の絵→		絵の具の学習→		年賀状作り 芋判→		色の学習→		
	技術・家庭	PC室 打ち込み練習→				スパイスBOX作り→ 糸のこ盤の練習	研磨・釘打ち練習	仮組立	部品加工	組み立て	研磨	塗装
	保健体育	マラソン・駅伝 縄跳び・長縄→	ブロック交流会とキャンプのダンス→		体育祭のダンス 水泳	体育祭の練習			合同発表会のダンス→			
	外国語	アルファベット 英語の歌・あいさつ フォニックス→	カルタ	季節・曜日	月	動物	ハロウィン	身の回りの物	クリスマス	食べ物	クイズ作り	1年間の復習
道徳		学校生活全般を通して指導する。必要に応じて個別で指導する。										
自立活動		学校生活全般を通して指導する。必要に応じて個別で指導する。										
総合的な学習の時間		修学旅行先（長野）を知ろう→		レポート作成	進路学習 （○○○園の実習に向けて）	○○○園の実習	進路学習 （企業実習に向けて）	企業実習→	実習のまとめ	進路学習→ 進路の決定にむけて		
各教科等を合わせた指導	生活単元学習	・学級開き ・新入生歓迎会	・ブロック交流会に向けて ・野外調理	・ブロック交流会 ・合同キャンプ ・野外調理	・夏休みに向けて	・体育祭に向けて	・公民館祭りに向けて	・合唱祭に向けて	・バザールに向けて ・お楽しみ会	・合同発表会	・合同作品展 ・5組校外学習	・3年生を送る会 1年間のまとめ
	作業学習	〈農耕〉 ・畑作り ・玉葱の収穫 〈手工芸〉 ・刺し子の製品作り→	〈農耕〉 ・さつまいもを植える ・夏野菜を植える	〈農耕〉 ・肥料まき ・草取り	〈農耕〉 ・夏野菜の収穫 ・ハーブの収穫	〈農耕〉 ・畑作り ・果実の収穫 〈手工芸〉 刺し子・UVレジン・裂き織りビーズ製品作り→	〈農耕〉 ・大根の種まき 〈調理〉 クッキー作り ・福祉フェスティバルに向けて→	〈農耕〉 ・大根の収穫	〈農耕〉 ・花の苗作り	〈農耕〉 ・花作り	〈農耕〉 ・花壇作り	〈農耕〉 ・花壇作り 1年間のまとめ

図 11－2　1 組（中学校知的障害特別支援学級）の年間指導計画

班」を設け，公民館で行われるイベントや地域の特別支援学級合同での販売会などに向けて，「刺し子」によるバッグや巾着などの縫工製品，キーホルダーやネックストラップなどのビーズ製品，クッキーやシフォンケーキなどの食品づくりに取り組む。

図 11－3 は，11 月中旬の「福祉フェスティバル」での販売会に向けた，作業学習の単元「福祉フェスティバルの成功に向けて，たくさんの良い製品を作ろう」の日程計画である。実行委員のもと，生徒が作業に打ち込み，盛り上がるよう，次のような工夫を行っている。

日程	活動内容		
	手工芸班	調理班	実行委員
10/23	目標決め　日程確認　目標数の表やグラフ作り		掲示物作り（目標数）
24	刺し子製品	クッキー作り	掲示物作り（日程表）
25	ビーズ製品	↓	掲示物作り（カウントダウン）
26	天然石製品	↓	給食の席決め
29	マクラメ編み	↓	作業集中週間
30	↓	↓	↓ 作業班班長と会議
31	↓	↓	↓
11/ 1	↓	↓	↓ 中間報告会の準備
11/ 2	↓	↓	↓ 中間報告会
11/ 5	↓	↓	↓
11/ 6	↓	↓	↓
11/ 7	↓	↓	↓
11/ 8	↓	カップケーキ作り	↓ 販売の練習の話合い
11/ 9	↓	シフォンケーキ作り	↓ 公民館へご挨拶
11/10	福祉フェスティバル　販売活動		
11/12	福祉フェスティバルの反省		

図 11－3　日程計画（1 組作業学習）
単元「福祉フェスティバルの成功に向けて，たくさんの良い製品を作ろう」

○実行委員による運営：実行委員長の呼びかけで，昼休みや放課後に集まって打ち合わせや活動をする。
○作業集中週間の設定：作業の取り組みが高まり，より没頭して取り組めるよう，1 時間目から 6 時間目まで一日作業を行う。この期間は，作業班で活動できるよう，給食の時間も作業班でまとまって昼食をとる。
○中間報告会の設定：実行委員と作業班の班長が中心に，進捗状況の報告を行う。目標数達成のためにどうしたらよいか，計画に変更点がないかなど話し合いをする。

ともすると作業学習は，将来の働く生活に向けて必要な知識や技能，あいさつや「報告・連絡・相談」などのマナー・態度などを身に付けるものと考えられがちである。しかし，これらは作業活動の中に，すでに自然に含まれているものである。なにより大事にすべきは，生徒の働く意欲や姿勢を培うことである。望ましい意欲や姿勢は，「させられる・やらされる」作業では育たない。生徒にとって打ち込むに足る，やりがいのある活動を用意するとともに，「できる状況づくり」をはじめとする，手立ての徹底が求められる。

「1 組」の教師は，作業を楽しみにしながらやりがいや手応えを感じて働く生徒の姿を次のように述べる。作業学習にとどまらず，青年期の豊かな教育のありようも伝えているので紹介したい。

「作業学習では，生徒たちの成長を感じる場面がたくさんある。集中力の継続や姿勢を正すこと，返事やあいさつ，言葉遣いも変わっていきどんどんよくなる。1 組のみんなは作業の時間が大好きである。自分のやるべき仕事があり，みんなが集中して仕事をして，目標に向かって頑張っている。一日の目標が終わらないときには『先生，残業していいですか』と生徒から申し出がある。気づけば登校時間も早くなっていて，作業集中週間になれば，朝の会から最終下校まで作業という様子である。『なんてよく働くのか』と担任同士で感心している。そしてどの生徒も『楽しかった！　明日もまた頑張ります』と言うのだから，こちらも頑張ろうと生徒に励まされている。特に，実行委員や作業班の班長の3年生となると，やる気倍増で，『次は○○します！』と自分で仕事を見つけてきて，どんどん進めていく。みんな作業を通して，満足感や成就感を感じているようだ。作業では，『できた』と思える瞬間がたくさんある。できあがった製品を見たり，販売会でお客さんに買ってもらったりという経験は，みんなのやる気につながっている。みんなで頑張ろうと元気に働く生徒の姿を見ていると，生き生きと働く将来に，きっとつながっていくように思えるのである」

生徒主体の取り組みの実現は，このように生徒の心を豊かにすることはもちろん，生徒の力を高め，確かなものにするのである。

3．学級経営上の諸課題

以下では，特別支援学級の経営で重要な事項となる，交流及び共同学習，保護者との連携，個別の教育支援計画と個別の指導計画，進路支援について，その考え方や留意点を述べる。なお，本節の内容と考え方は，小学校・中学校の区分に関わりなく共通であるので，「生徒」でなく，「子ども」として述べることにする。

（1）交流及び共同学習

「交流及び共同学習」は，その名称が示す通り，障害のある子どもとない子どもが共に学ぶ活動を通して，人間性等を育むことを目的とする「交流」の側面と，教科等のねらいの達成を目的とする「共同学習」の側面がある。したがって，授業等の計画・展開においては，2 つの側面を一体のものとして捉える必要がある。特に留意したいのは，後者の「共同学習」の側面である。障害のある子どもとない子どものいずれかが,「おつきあい」するのではなく，それぞれが参加し，思いや力を発揮する活動を用意する必要がある。

2014（平成 26）年の障害者権利条約の批准を受け，わが国においてもインクルーシブ教育システムの推進が図られるようになった。その基本的方向性は,「障害のある子どもと障害のない子どもが，できるだけ同じ場で共に学ぶことを目指すべきである。その場合には，それぞれの子どもが，授業内容が分かり学習活動に参加している実感・達成感を持ちながら，充実した時間を過ごしつつ，生きる力を身に付けていけるかどうか，これが最も本質的な視点であり，そのための環境整備が必要」とされている。インクルーシブ教育は，単に障害のある子どもとない子どもが共に学ぶだけでなく，学習活動において，それぞれの子どもが「主役」になることを目指しているのである。

特別支援学級であれば，自校の通常の学級との交流及び共同学習がメインとなる。交流の形態ごとに分けて，それぞれの留意点について述べる。

①　通常の学級に「子どもが行く交流」の場合

ア　目標及び手立ての検討

通常の学級に「昨年度も行っていたから」との理由で，漫然と機械的に設定することは避ける。その子どもの力になる交流になっているのかの見直しを,「個別の指導計画」等に基づき検討する。

学年進行に伴って，通常の学級の各教科等の学習内容も困難さを増す。交流及び共同学習における目標を再確認し，子どものよい姿が実現されていないとすれば，目標そのものの妥当性や尽くされた手立ての有効性を通常の学級担任も交えて検討する。

イ　子どもの自己評価

通常の学級の教科学習に参加できる力はあっても，本人の気持ちが前向きにならない場合もある。友達関係や雰囲気になじめないということも当然考えられる。その場合には，通常の学級としての障害者理解教育や差別やいじめのない温かな集団づくり等の学級経営上の当然の配慮が欠かせない。

自ら進んで取り組み，力を使うからこそ力が身に付くとするならば，子ども相互の意欲的な取り組みは交流及び共同学習の大前提になる。子ども本人や子どもたち同士の思いを確認しながら，通常の学級担任とよく相談し，丁寧に進める必要がある。

②　通常の学級に，「特別支援学級として行く」交流の展開

特別支援学級として取り組んできた演奏や劇活動，生活単元学習や作業学習の取り組みを，通常の学級で発表する形の交流及び共同学習も実践できる。これは，特別支援学級で取り組んできた成果の発表を兼ねることになる。このような経験を重ねながら，全校集会で発表したり，地域で披露するなど発展させることもできる。

③　特別支援学級に，「通常の学級を招く交流」の場合

これは，特別支援学級の子どもが日頃取り組んできた活動，すなわち，力を発揮できる活動に通常の学級の子どもたちを招待して，一緒に活動する形態である。最大の利点は，特別支援学級の子どもたちが主役になれることに尽きる。たとえば，作業学習で販売会を目指して製品づくりをしている場合，活動の取り組み紹介を兼ね，通常の学級の生徒が作業を体験し，工程や道具の扱い方について，特別支援学級の生徒が通常学級の生徒たちに教えるような場面を設定できるのである。ここでは，「支援される体験」が多い特別支援学級の子どもたちが，「支援する体験」をすることになり，大きな自信が育まれる。

④　学校生活全体を通して

ここでは，クラブ活動・委員会活動，運動会や合唱祭のような全校・学年行事，長い休み時間や昼休み時間，給食や清掃等の場面や作品展示等も含めて，学校生活全体を通して交流及び共同学習を検討する。さらに，総合的な学習の時間等で展開される福祉の授業等も含む，学校全体の障害者理解教育の枠組みの中に交流及び共同学習を位置付け，充実を図っていくこともできる。

（２）保護者との連携

①　保護者の「覚悟」を受け止める

「自分がその子どもの保護者だったら」と常に保護者の立場になって，保護者の思いに寄り添う努力が必要となる。特に，小学校の入学時には，子ども以上に保護者が不安と複雑な思いを抱えていることもある。特別支援学級を望んで選択する保護者は必ずしも多くはない。その意味では，保護者は覚悟をもって入学式を迎えることになる。その思いをしっかりと受け止めて，充実した学級の生活を用意する必要がある。子どもが楽しみに学校に通う姿が，保護者の安心と納得につながる。

②　子どもの「よい姿」の実現が連携の始点

参観日等で「うちの子どもは学校ではこんなにできるんだ！」と保護者が目を見張って驚くような子どもの姿を実現する。「学校でここまでできるなら，家でも頑張ってみよう」と保護者が思えることが何よりも大切になる。保護者との連携において大切なことは，学級経営・授業づくりに他ならないが，その根底には，子どもの姿を肯定的に捉え，できないことや苦手なことよりも，できたことや得意なことに注目して伸ばしていく，教師の子どもへの温かなまなざしや姿勢が欠かせない。

③　ピアサポート機能を生かす

特別支援学級には，一つの学級に異学年の子どもの保護者が集うという大きな特色がある。日常的な子育ての悩みや不安をはじめとして，進級や進学に関しても，保護者同士ならではの支え合いが機能するように配慮する。そのためには，保護者会にも十分な工夫を凝らす。子どもたちが取り組む活動に保護者たちも一緒に参加するようにしたり，ゲーム的な要素を取り入れるなどして交流を促したりする。保護者同士が和んだ雰囲気の中で悩みや不安，喜びや期待を自然に語り合えるようにする。

④　地域のさまざまなサービスを把握・紹介する

保護者は，就学前から「相談支援ファイル」，「サポートファイル」（名称は自治体により異なる）等をもっている場合がある。医療や福祉関係のサービスの状況も記されている。児童発達支援センターや放課後等デイサービス等のリソースとも積極的に連携を図りながら，子どもと保護者・家庭を支えていく時代になっている。

（3）「個別の教育支援計画」と「個別の指導計画」

①　学習指導要領の規定

小学校学習指導要領の総則では，「特別支援学級に在籍する児童や通級による指導を受ける児童については，個々の児童の実態を的確に把握し，個別の教育支援計画や個別の指導計画を作成し，効果的に活用するものとする」（中学校学習指導要領では，「児童」を「生徒」と置き換える）と記され，特別支援学級にあっては，2つの計画の作成と活用が義務付けられている。

②　作成と活用のために

ア　個別の教育支援計画

この計画の大きなポイントは，本人の思いや願いの実現のために，学校だけでなく，先に触れた放課後等デイサービスなどの福祉分野や医療関係者等が連携する上のツールになる点にある。そのため，保護者が保管している相談支援ファイルと一体的に作成・活用する必要がある。

個別面談や保護者会，日々の連絡帳等を通して保護者との情報交換を密にしながら作成し，地域の中での本人支援の充実を目指す。その意味で，本計画はその子どもの生活全体の「応援計画案」ともいえる。

イ　個別の指導計画

一方，個別の指導計画は，個別の教育支援計画という大きな箱の中にある「学校教育」に関わるその子どもの応援計画案になる。授業を中心とした学校生活全般における，現在の様子，目標，手立て，評価が記されることになる。そのため，学期を一つの区切りとして，各授業や生活場面ごとの目標設定とその学習評価を行うことで，その子どもへの指導・支援の充実を図ることが大きな目的となる。

なお，各都道府県や市町村では，2つの計画の基本フォーマットを用意している場合があり，教育委員会や教育センターのホームページからダウンロードして作成できるようになっていることも多い。よりよい特別支援学級教育の創造のために活用したい。

(4) 進路支援

目の前の不安や悩みもさることながら，子どもの将来の進路について保護者が抱く不安は大きい。それは子どもも同様である。「中学校にも特別支援学級はあるのか？」，「高等学校では？」，「特別支援学校の様子は？」，「働ける会社はあるのか？」等々，先が見えない不安を子どもも保護者も抱えていると考えたい。このような状況に置かれているからこそ，子どもと保護者の気持ちに寄り添いながら，「共に」考える姿勢が大事となる。

進路選択にあたって，なによりも子どもと保護者に必要になるのは，進路先に関する体験やそこで得られる実感である。子どもには，卒業生の学級や学校訪問，想定進路先との合同学習や行事への参加，体験入学などの機会を用意する。保護者には，卒業生の保護者を招いての進路学習会，保護者による学校・学級参観などの機会も用意する。いずれも，近隣学校の特別支援学級と合同で開催してもよいし，体験入学や学校祭の参加などは，子どもと保護者が一緒に参加する格好の機会となる。

表 11－2 は，中学校特別支援学級の卒業後の進路である（平成 29 年 3 月卒業者。知的障害も含め，すべての障害種の特別支援学級の総計であることに留意）。特別支援学校高等部や高等部単独の特別支援学校の設置が進んだこともあり，中学校特別支援学級卒業生の 9 割以上が進学するようになっている。

卒業生の多くが進学する時代になり，その進路先も多様化している。特別支援学校だけでなく，高等学校への進学を希望する場合もある。一方で，生徒と家族によっては，一般就労や，施設や作業所等での福祉的

表 11－2　中学校特別支援学級卒業者の状況～国・公・私立計（文部科学省，2018）

区分	卒業者	進学者				教育訓練機関等入学者					就職者		社会福祉施設等入所・通所者		その他	
	A	高校等	高等部	計 B	B/A	専修学校	各種学校	職業能力開発	計 C	C/A	D	D/A	E	E/A	F	F/A
中学校特別支援学級	21,132	8,264	11,645	19,909	94.2	394		70	464	2.2	176	0.8			583	2.8

※①高校等……………高等学校及び中等教育学校後期課程の本科・別科，高等専門学校
②高等部……………特別支援学校高等部本科・別科
③職業能力開発……職業能力開発校，障害者職業能力開発校等
④社会福祉施設等入所・通所者……児童福祉施設，障害者支援施設等，更正施設，授産施設，医療機関
⑤中学校特別支援学級卒業者その他には，社会福祉施設等入所・通所者を含む。
⑥四捨五入のため，各区分の比率の計は必ずしも 100% にならない。

就労も想定される。いずれにしても，参観・見学や就業体験の機会を用意し，子どもと保護者の思いも受け止めながら，共に将来の生活をイメージしていく。また，必要に応じて，特別支援学校の進路担当者やコーディネーターと連携しながら進めることも大切である。

学習課題

1．青年期にある中学校特別支援学級生徒の教育のありようとして，大事にすることは何か。いくつかキーワードを挙げ，学級生活でどう実現するか考えてみよう。
2．1 年間の生活が節目とまとまりのある生活となるよう，年間の行事等も想定しながら，小・中学校特別支援学級の年間計画を立ててみよう。
3．保護者との連携にあたっては，どんなことが大事になるか。知的障害のある児童生徒の保護者が置かれた状況を想像して考えてみよう。

引用文献

文部科学省『特別支援教育資料（平成 29 年度）』2018 年
文部科学省『教育支援資料～障害のある子供の就学手続と早期からの一貫した支援の充実～』2013 年
文部科学省『中学校学習指導要領解説　総則編』東山書房　2018 年
文部科学省『特別支援学校教育要領・学習指導要領解説　総則編（幼稚部・小学部・中学部）』開隆堂出版　2018 年
中央教育審議会初等中等教育分科会『共生社会の形成に向けたインクルーシブ教育システム構築のための特別支援教育の推進（報告）』2012 年

12　キャリア教育と知的障害教育

菊地一文

《目標&ポイント》 キャリア教育，キャリア発達の定義について理解し，知的障害教育における実践事例から，知的障害教育におけるキャリア発達を促すキャリア教育の意義，またすべての教育活動を通して取り組む必要性について学ぶ。

《キーワード》 キャリア教育，キャリア発達，主体的・対話的で深い学び

1．学習指導要領における「キャリア教育」の位置付け

2009（平成21）年3月に告示された特別支援学校高等部学習指導要領において，初めて「キャリア教育」の文言が位置付けられた。その箇所は，総則の「教育課程の編成・実施に当たって配慮すべき事項」の「職業教育に関して配慮すべき事項」および「教育課程の実施等において配慮すべき事項」である。

この告示や国立特別支援教育総合研究所（2010）によるキャリア教育に関する研究報告書を契機に，キャリア教育を学校研究テーマに位置付け，その組織的理解に努めるとともに，「育てたい力」の検討と共有により，授業や教育課程の見直しと改善への取り組みを進める特別支援学校が増加した。主に知的障害教育を中心とした取り組みが多く見られたが，次第に肢体不自由教育や病弱教育等においても取り組みが進められ，充実が図られてきた。

当初，学校現場では「キャリア教育」という新たなキーワードに対して，「職業教育と同義」，「就職のための指導」というような誤解や限定

的な理解が散見されたものの，ライフキャリアの視点を踏まえ，障害の有無や状態にかかわらず，すべての児童生徒等の生き方や指導および支援の在り方の再考を促すものであることが理解されていった。

以降，約 10 年が経過し，学校現場におけるキャリア教育に関する実践研究は，児童生徒の「内面の変化」に着目した指導および支援の充実を目指すもの，そして，キャリア発達を踏まえた「育てたい力」に基づき指導目標および指導内容の一貫性・系統性を見直す，教育課程改善に向けたものに大別され，その各々の充実が図られてきた。

キャリア教育が有する理念と方向性は，特別支援教育が特殊教育の時代から大切にしてきたことと大きく重なり，また，近年のキャリア教育の推進，および学校現場における組織的取り組みは，特別支援教育の充実と発展に寄与してきたと言える。

2．キャリア教育の定義

わが国における「キャリア教育」の定義は，2011（平成 23）年に中央教育審議会が答申した「今後のキャリア教育・職業教育の在り方について」（以下，「キャリア答申」）に取り上げられ，そこでは「一人一人の社会的・職業的自立に向けて，基盤となる能力や態度を育てることを通して，キャリア発達を促す教育」と示されている。

本定義には，「キャリア教育」において踏まえるべきポイントが 3 点示されている。

1 点目は，「社会的」という文言である。ここでは，自立とは，一般就労等の職業的自立のみを目指したものではなく，より広義の自立を目指したものであることを示している。

2 点目は，「基盤となる」という文言である。定義で示される「能力や態度」とは，広義の自立のための基盤やその土台となる能力や態度を意味するものである。これらが，幼児期の諸活動や初等教育段階から教育課程全体を通して取り組むべきものであることを示している。

3点目は，「能力や態度を育てることを通して，キャリア発達を促す」の部分であり，キャリア教育の理解においては，この箇所が最も重要であると言える。ここでは，キャリア教育の定義を「能力や態度を育てる教育」とせず，「能力や態度を育てることを通して」としていることに留意したい。すなわち，「基礎的・汎用的能力」等の「育てたい力」の育成そのものを意味するのではなく，これらの能力や態度の育成によって児童生徒の「キャリア発達を促す教育」を意味するのであり，教師の教え込みではなく，本人が主体的に取り組めるよう支援する教育であることを指しているのである。

なお，「キャリア発達」の定義については，「社会の中で役割を果たすことを通して，自分らしく生きていくことを実現していく過程」と示されており，この理解がキャリア教育の正しい理解及び推進において重要なカギとなる。

このキャリア発達の定義には，「社会の中で自分の役割を果たす」と「自分らしい生き方を実現していく」という2つのフレーズが含まれている。キャリア発達とは社会の中で「役割を果たすこと」を経験するとともに振り返ることによって，その意味や意義に気づき，社会の中で「役割を果たすこと」について自分なりに「意味付け」できるようになっていくことと読み取れる。なお，ここでいう「役割」とは，「職業的役割」だけを意味するものではなく，図12−1の「ライフキャリアの虹」（Super，1980）が示すさまざまな役割であることに留意したい。

続いて，本定義が「自分らしい生き方を実現していくこと」ではなく，その「過程」としていることに着目したい。ある物事に対しての見方，たとえば過去の「失敗」に対する捉えは固定的であるとは言えない。そ

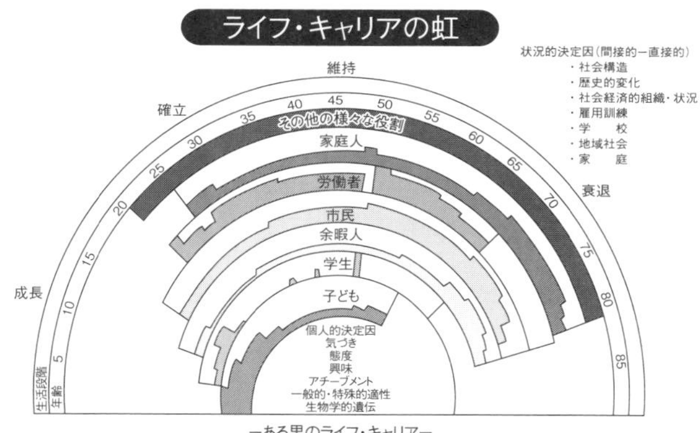

「22歳で大学を卒業し，すぐに就職。26歳で結婚して，27歳で1児の父親となる。47歳の時に1年間社外研修。57歳で両親を失い，67歳で退職。78歳の時妻を失い81歳で生涯を終えた。」D.E.スーパーはこのようなライフ・キャリアを概念図化した。

出典　文部省『中学校・高等学校進路指導資料第1分冊』平成4年

図 12－1　ライフキャリアの虹

のときはネガティブな「意味付け」だったとしても，その後，その人がさまざまな経験を重ねていくことによって物事の見方や捉え方が変化し，失敗が「学ぶべき大切な何か」を示唆していたことに「気づく」ことがあり得る。私たちはまさに生涯にわたって生きることを通して「キャリア発達」し，常にその「過程」にあるといえる。

ここで，図 12－2 に示す知的障害のある生徒が作った詩について，キャリア発達の視点から解釈を試みる。この詩を作った生徒は，家庭での「役割」として，毎日米とぎの手伝いをしている。着目したいのは，「心を込めて米をといでいる」ということである。「心を込めて」いるのだから，「事足りればよい」と捉えていたり嫌々行っていたりするのではなく，食べてもらう相手のために，主体的にこの生徒は行っているのである。また，お父さんとお母さんが「おいしいおいしいと

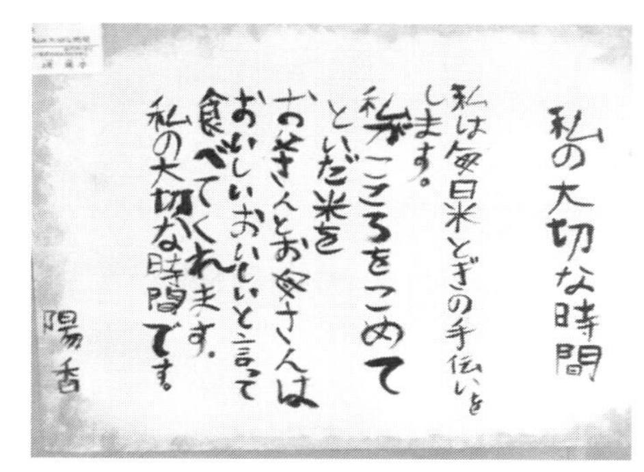

図 12－2　知的障害のある生徒の詩

言って食べてくれる」ことが，生徒の「米とぎの手伝いをする」ことに対する意味付けにつながっている。さらには，このことにより，生徒は「米とぎの手伝いをする」ことを「私の大切な時間」と思えるようになっていくのである。

ともすれば，指導者は将来を考えるあまり，「何ができるようになるか」といったスキルに目が向きがちになり，生徒にスキルを「身に付けさせ」ようとしてしまうことがあるが，この詩は，教え込みではない，本人主体の「学び」の必要性を示唆している。他者との関係性の中で，「何のために行うのか」という本人の意識化が図られていくとともに，他者から「認められる」ことを通して自己有用感がもてるようになっていくのである。

学校教育段階において，「学ぶこと」が役割の中心となる児童生徒にとって，まずは学ぶことを通して「なりたい」，「ありたい」と思えるようになることや，「やってみよう」と思えるようになることが大切である。このような彼らの「思い」や「願い」を大切にした，物事との向き合い方に変化を促す教育が「キャリア教育」，すなわち「キャリア発達を支援する教育」である。

なお，キャリア概念の理解においては，このように具体的な児童生徒の姿やことば，自らのありようを重ね合わせて捉え直すこと，そこで感じたことについて言語化し，対話に努めていくことが有効であると考える。

3.「障害者の権利に関する条約」等とキャリア教育の関連

ここ10年以上にわたる，障害のある人に関する国際的潮流への対応として「障害者の権利に関する条約」（以下，「権利条約」）の批准，発効が挙げられる。その条文や関連する報告等からキャリア教育＝「キャリア発達を支援する教育」の意義について再確認する。

権利条約第 24 条「教育」に関する条文では，以下の 3 つの目的を示している。

(a) 人間の潜在能力並びに尊厳及び自己の価値についての意識を十分に発達させ，並びに人権，基本的自由及び人間の多様性の尊重を強化すること。
(b) 障害者が，その人格，才能及び創造力並びに精神的及び身体的な能力をその最大限度まで，発達させること。
(c) 障害者が自由な社会に効果的に参加することを可能とすること。

これらの主語に注目すると，(b)(c) の主語が障害者であるのに対して，(a) はすべての人を対象としていることに気づく。また，(a) は目的の 1 点目であることから，最も重要な事項であると捉えることができる。

さらに，「自己の価値についての意識を十分に発達させること」の箇所は，「キャリア発達を促すこと」と読み替えることが可能であり，とりわけ権利条約の趣旨でもある「共生社会」の形成に向けては，すべての人の意識を変えていくことが前提となることを示唆していると捉えられる。このことは，文部科学省が進める交流及び共同学習の推進，また特別の教科「道徳」等の趣旨にもつながるものであり，その意義は大きい。

また，2012（平成 24）年に中央教育審議会初等中等教育分科会が報告した「共生社会の形成に向けたインクルーシブ教育システム構築のための特別支援教育の推進」では，基礎的環境整備や合理的配慮等について解説しているが，これらを理解する前提として「十分な教育」の定義を踏まえる必要があると考える。

本報告では，「十分な教育」について，「それぞれの子どもが，①授業内容が分かり，②学習活動に参加している実感・達成感を持ちながら，③充実した時間を過ごしつつ，④生きる力を身に付けていけるかどうか，これが最も本質的な視点であり，そのための環境整備が必要である」（番号は筆者）と解説している。

「十分な教育」を満たすこれらの4つの要件のうち，「授業内容が分かる」ことと，「生きる力を身に付ける」ことは，従来からの教育理念と重なり，とりわけ特別支援教育においては，最も重視してきたことの一つであると言える。また，「学習活動に参加している実感・達成感をもつ」，「充実した時間を過ごす」ことについては，まさに学習の主体者である子ども自身の「学ぶこと」に対する意味付けや価値付けであると言え，キャリア発達支援の理念と大きく重なるものであると捉えることができる。また，「十分な教育」は，教師による教え込みではない，本人が主体的に「学ぶこと」を重視する教育の重要性を示唆しており，障害の状態や程度にかかわらず，すべての子どもに対するキャリア発達支援の充実を求めるものと捉えることができる。

4．新学習指導要領におけるキャリア教育の位置付け

（1）幼稚園，小学校，中学校，高等学校及び特別支援学校の学習指導要領等の改善及び必要な方策等について（答申）におけるキャリア教育の位置付け

中央教育審議会による標記の「答申」では，第1部第8章「子供一人一人の発達をどのように支援するか―子供の発達を踏まえた指導―」において，「3．キャリア教育（進路指導を含む）」の項を設け，具体的な提言を示している。この項では，冒頭で「キャリア答申」を踏まえた「キャリア発達を促すキャリア教育」の視点が重要であるとした上で，

その理念が浸透してきている一方で，「職場体験活動のみをもってキャリア教育を行ったものとしていること」，「社会への接続を考慮せず次の学校段階への進学のみを見据えた指導」，「職業を通じて未来の社会を創り上げていくという視点の乏しさ」などの課題を指摘している。

これらの課題を乗り越えてキャリア教育を効果的に展開していくためには，教育課程全体を通じて必要な資質・能力の育成を図っていく取り組みが重要になると述べ，特別活動における学級活動やホームルーム活動を中核とした教育課程全体を通した取り組みを進める必要性や，各教科等において自己のキャリア形成を関連付けながら見通しをもったり振り返ったりしながら学ぶ「主体的・対話的で深い学び」を実現する必要性が示されている。

また，キャリア教育は「子供たちに社会や職業との関連性を意識させる学習」であることから，その実施に当たっては「地域との連携」が不可欠であるとしており，さらには，教員間の連携など組織的な取り組みの必要性についても言及している。このことは，後述する「社会に開かれた教育課程」等とも大きく関連するものであると捉えることができる。

その他にも，第 1 部において「子供たち一人一人の成長を支え可能性を伸ばす視点の重要性」，「学校教育への期待と教育課程の改善」，「子供たち一人一人の豊かな学びを実現することの重要性」など，「キャリア形成」，「キャリア発達を促すキャリア教育」といった文言がさまざまな箇所で確認できる。この表記は，2009（平成 21）年に告示された特別支援学校高等部学習指導要領において，キャリア教育が職業教育と進路指導という文脈に位置付けられたことにより，小学部段階やいわゆる重度の児童生徒には難しい，あるいは関係ないものとして捉えられるなどの混乱を生じさせてきた経緯や，「キャリア答申」等を踏まえ，キャリア教育の本質的な意味をより押さえたものと考えられる。特に単なる進路実現ではなく，「社会の中で役割を果たすことを通して，自分らしく生きていくことを実現していく過程」である「キャリア発達を促す」という文言の位置付けは，その本質を踏まえたものと捉えることができる。

キャリア教育に対する正しい理解を図り，教育活動全体を通してその充実につなげることは，「共生社会」を形成する上で，通常の小・中学校等における教育課程と特別の教育課程のいずれにおいても共通する重要な概念であるため，これらの文言が示す意味およびその意義は大きい。

なお，この答申を踏まえた新学習指導要領では，総則の柱の１つとして「児童生徒一人一人の発達をどのように支援するか（児童生徒の調和的な発達を支える指導)」を位置付けた。この柱では，キャリア教育のほか，特別支援教育，外国人児童生徒や帰国子女等の日本語に困難のある児童生徒，不登校の状態にある児童生徒など，多様なニーズをもつ一人ひとりを支援していくことの重要性を示している。

(2) 新学習指導要領における４つのキーワードを踏まえた取り組み

新学習指導要領では，「社会に開かれた教育課程」，「育成を目指す資質・能力」，「主体的・対話的で深い学び（アクティブ・ラーニングの視点)」，「カリキュラム・マネジメント」の４つのキーワードを挙げている。これらは，キャリア発達を支援する教育の推進および充実において取り組まれてきたことと大きく重なる概念であると言える。

たとえば「社会に開かれた教育課程」の考え方については，「よりよい学校教育を通じてよりよい社会を作るという目標を持ち，教育課程を介してその目標を社会と共有していくこと」と示されている。これは地域・社会と共に，キャリア発達を支援する教育の充実を図るため，地域協働活動を推進してきたことと大きく重なるものである。

また,「育成を目指す資質・能力」として，すべての教科等や諸活動に含まれる資質・能力は，キャリア教育で捉える教育課程が“competency-based program”であることや，これまで育てたい力の例として示されてきた「基礎的・汎用的能力」や「知的障害のある児童生徒のキャリアプランニング・マトリックス（試案)」(国立特別支援教育総合研究所，2010)（表 12－1）等の「育てたい力」に基づいて授業および教育課程を見直してきたことに通じると捉えられる。

「主体的・対話的で深い学び」については，キャリア発達を促すために，授業等において「振り返り」を行い,「言語化・対話」により，児童生徒一人ひとりが諸活動の意味や価値に気づけるようにする取り組みそのものであると言える。

さらに「カリキュラム・マネジメント」については，これらを踏まえた，児童生徒一人ひとりにとっての「学びの文脈」の重視や，各教科等を越えた学びの「意味付け」や「価値付け」,「重み付け」,「関連付け」を児童生徒本人が意識できるよう，そしてそのために教育活動を計画・実施する教職員が意図し，組織的に進めていくことが関連するものであり，これは今後より求められていくものである。

これまでの学校現場におけるキャリア教育に関する実践研究の多くは，このように 4 つのキーワードに通じる成果をもたらしてきていると考える。このことを改めて念頭に置き，児童生徒一人ひとりのキャリア発達を促す視点から，教育活動全体を捉え直し，より充実を図っていく必要がある。

表 12－1　知的障害のある児童生徒の「キャリアプランニング・マトリックス
（知的障害のある児童生徒の「キャリア発達段階・内容表（試案）」改訂

			小　学　部　（小　学　校）	
キャリア発達の段階			職業及び生活にかかわる基礎的な能力獲得の時期	職業及び生活に 能力獲得の時期
キャリア発達段階の解説と発達課題			未分化であるが、職業及び家庭・地域生活に関する基礎的能力の習得と意欲を育て、後の柔軟性に必要な統合する能力習得の始まりの時期である。キャリア発達の視点からは、学校及び生活に関連する諸活動のすべてにおいて、遊びから目的が明確な活動へ、扱われる素材が身近なものから地域にある素材へ、援助を受けながらの活動から自主的・自立的活動へと発展しながら全人的発達をとげる時期であり、働くことに対する夢や意欲を育てる。	小学部段階で積 変化に対応する力 は、職業生活に必 業体験を通じて自 値を知ることを学
職業的（進路）発達にかかわる諸能力 能　力　領　域			小学部段階において育てたい力	
人間関係形成能力 他者の個性を尊重し、自己の個性を発揮しながら様々な人々とコミュニケーションを図り、協力・共同してものごとに取り組む。	具体的な活動を通して、自分や他者のよい点を知り、学校教育における諸活動をより良く展開していくために必要な人とのかかわりを形成するとともに、協力・共同して集団活動における役割を果たすための能力の育成に関する領域である。 また、社会生活を送る上で必要となる適切な意思表現の力を高め、社会生活における様々な活動に参加するために、場や状況に応じて適切に行動するための能力の育成に関する領域である。	幼児期からの遊びを中心とした発達全体の促進	**人とのかかわり** ●自分の良さへの気づき　●友達の良さの気づき	●達成感に基づ
			集団参加 ●大人や友達とのやりとりと集団活動への参加	●集団における
			意思表現 ●日常生活に必要な意思の表現	●社会生活に必
			挨拶・清潔・身だしなみ ●挨拶、身だしなみの習慣化	●状況に応じた
情報活用能力 学ぶこと・働くことの意義や役割及びその多様性を理解し、幅広く情報を活用して、自己の進路や生き方の選択に生かす。	それぞれの職業が人々の生活にとって欠かせないものであることを実際的な活動を通して理解するとともに、自らにとって興味のある活動や職業等に関して様々な情報を収集し活用するための能力の育成に関する領域である。 また、労働の対価としての報酬の価値に気づき、社会生活を営む上で必要なルールの理解とそれに沿って行動することや社会の様々な制度の理解とそれらを活用するために必要な能力の育成に関する領域である。		**様々な情報への関心** ●仕事、働く人など身の回りの様々な環境への関心	●進路をはじめ
			社会資源の活用とマナー ●地域社会資源の活用と身近なきまり	●社会の仕組み
			金銭の扱い ●体験を通した金銭の大切さの理解	●消費生活に関
将来設計能力 夢や希望を持って将来の生き方や生活を考え、社会の現実を踏まえながら、前向きに自己の将来を設計する。	職業に対する憧れをもち、様々な活動において達成感や充実感をもつ経験を積み重ねることを通して、新しい生活や働くことに期待をもつ。 また、職業や社会の中で自立した生活を送るための必要な役割遂行の能力、及び職業生活に必要な習慣形成のための能力の育成に関する領域である。		**はたらくよろこび** ●自分が果たす役割の理解と実行	●様々な職業が ●学校生活、家
			習慣形成 ●家庭、学校生活に必要な習慣づくり	●職業生活に必
			夢や希望 ●職業的な役割モデルへの関心	●将来の夢や職
			やりがい ●意欲的な活動への取組	●様々な学習活 ●目標を実現す
意思決定能力 自らの意志と責任でよりよい選択、決定を行うとともに、その過程での課題や葛藤に積極的に取り組み克服する。	選択肢の意味を理解して選択・決定することとともに、選択に伴って実行することを通して責任を果たすことの意味を理関する。 また、課題解決する力を育てるために、自らの判断で目標を決めること、及び結果に対して自ら評価するための能力や、葛藤場面に対して様々な選択肢があることを理解し、より良い選択を目指す態度の育成に関する領域である。		**目標設定** ●目標への意識、意欲	●目標の設定と
			自己選択 ●遊び、活動の選択	●自己の個性や ●進路先に関す
			振り返り ●活動の振り返り	●活動場面での ●課題解決のた
知的障害の各教科の段階との関連			教師の援助を受けながら体験し、基本的な行動を一つ一つ身に付けていく段階（小学部１・２段階） 主体的に、社会生活につながる行動を身に付けていく段階（小学部３段階）	生活経験の積み 段階（中学部１

(試案)」

版）　　　　国立特別支援教育総合研究所（2010）

中学部（中学校）	高等部
かかわる基礎的な能力を土台に、それらを統合して働くことに応用する	職業及び卒業後の家庭生活に必要な能力を実際に働く生活を想定して具体的に適用するための能力獲得の時期
み上げてきた基礎的な能力を、職場（働くこと）や生活の場において、として般化できるようにしていく時期である。キャリア発達の視点から要な自己及び他者理解（自らのよさや仲間のよさ）を深め、実際的な職らの適性に気づき、やりがいや充実感の体感を通して、職業の意義、価ぶ。自己の判断による進路選択を経験する時期である。	中学部段階で培ってきた能力を土台に、実際に企業等で働くことを前提にした継続的な職業体験を通して、職業関連知識・技術を得るとともに、職業選択、及び移行準備の時期である。キャリア発達の視点からは、自らの適性ややりがいなどに基づいた意思決定、働くことの知識・技術の獲得と必要な態度の形成、必要な支援を適切に求め、指示・助言を理解し実行する力、職業生活に必要な習慣形成、経済生活に必要な知識と余暇の活用等を図る時期である。
中学部段階において育てたい力	高等部段階において育てたい力
自己理解・他者理解	
く肯定的な自己理解、相手の気持ちや考え、立場の理解	●職業との関係における自己理解、他者の考えや個性の尊重
協力・共同	
役割の理解と協力	●集団（チーム）の一員としての役割遂行
要な意思の表現	●必要な支援を適切に求めたり、相談したりできる表現力
場に応じた言動	
言葉遣いや振る舞い	●ＴＰＯに応じた言動
情報収集と活用	
様々な情報の収集と活用	●職業生活・社会生活に必要な事柄の情報収集と活用
	法や制度の活用
、ルールの理解	●社会の様々な制度やサービスに関する理解と実際生活での利用
金銭の使い方と管理	消費生活の理解
する基本的な事柄の理解と計画的な消費	●労働と報酬の関係の理解と計画的な消費
役割の理解と働くことの意義	
あることや働くことに関する体験的理解 庭生活において自分が果たすべき役割の理解と実行	●職業及び働くことの意義と社会生活において果たすべき役割の実行
要な習慣形成	●職業生活に必要な習慣形成
業への憧れ	●働く生活を中心とした新しい生活への期待
生きがい・やりがい	
動への自発的な取組	●職業の意義の実感と将来設計に基づいた余暇の活用
進路計画	
るための主体的な進路計画	●将来設計に結びつく進路計画
達成への取組	●将来設計や進路希望の実現を目指した目標の設定とその解決への取組
自己選択（決定・責任）	
興味・関心に基づいたよりよい選択 る主体的な選択	●産業現場等における実習などの経験に基づく進路選択
肯定的な自己評価	
振り返りとそれを次に生かそうとする努力	●産業現場等における実習などにおいて行った活動の自己評価
自己調整	
めの選択肢の活用	●課題解決のための選択肢の活用
重ねを考慮して、社会生活や将来の職業生活の基礎的内容を学ぶ段階）	卒業後の家庭生活・社会生活・職業生活などを考慮した基礎的内容から発展的内容を学ぶ段階（高等部１・２段階）

※本試案における「能力」とは，competency のことを指す

5．知的障害教育における「キャリア教育」の充実

（1）小学校知的障害特別支援学級における実践事例～生活単元学習「ゆうびんやさんのホネホネさんになろう」

特別支援学級は異学年の児童が在籍し，実態もさまざまで一人ひとりの学びを大切にした工夫が求められる。本学級にも，1年から6年まで，多様な実態の4人の児童が在籍しているが，一人ひとりが「役割を果たす」ことを通して「認められる」喜びを味わうことや，体験的な活動を通して小学生なりに「働く」ことについて考えることを大切にしている。

本単元は，絵本『ゆうびんやさんのホネホネさん』（福音館書店）をモデルに，読んだり，書いたりする学習を行ったり，物語の場面を取り上げて，ペープサートを作って劇遊びをしたりしていくものである。活動のメインは2日間限定の「校内郵便局」である。

子どもたちは，校内放送を通して，ドキドキしながら全校児童に校内郵便局を開局することを伝える。すると，1年生から6年生までの児童や先生方から，239通もの手紙が集まる。子どもたちは「大切な手紙」を「ていねい」に取り扱い，1枚ずつスタンプを押して学級ごとのボックスに仕分けていく。知的障害を伴う自閉症の子どもにとっても，わかりやすい繰り返しの活動であり，ここでは見通しをもって取り組める状況や環境が設定されている。そして，次では仕分けた手紙をいよいよ「届ける」仕事を行う。

本学級の子どもたちは，ドキドキしながら，各学級を訪ね，宛名の友だちを探す。「お手紙です」と声をかけて手渡すと，まず相手からは「誰かが自分のために手紙を書いてくれたんだ」という「うれしい驚き」が示され，次には「ありがとう」ということばが返される。4人の子ど

もたちは，239 回の「ありがとう」ということばを受けるのである。「役割」を担うという責任感，「できた」という達成感に加え，「人の役に立つ」という喜びは「教え込み」では学習できない。何よりも 239 回の「ありがとう」は，知識・技能だけではなく，4 人の児童それぞれに「内面の変化」をもたらすのである。

知的障害のある児童生徒は周囲から「できない」と思われたり，失敗したりすることが少なくない。また，誰かに支援してもらうことが多く，「ありがとう」と言う側に置かれる状況が多いため，何かをして「ありがとう」と感謝される経験が必要である。「ありがとう」の貯金は，児童生徒が主体的に物事に向き合うことにつながっていくと考える。

その後，児童は，自分たちで実際に手紙を書いて投函する。実際には見ることが難しい投函した後の「働く」を，校内郵便局の活動から彼らは学んでいるのである。

本単元を通して本学級の児童だけではなく，通常の学級の児童にも「特別支援学級の友だちはすごい」という「見方の変化」がもたらされた。また，通常の学級の先生方にとっても，特別支援学級の教育活動に理解を増す契機になった。このことはキャリア発達の相互性を示唆していると言える。

（2）今後の充実に向けて

教育活動全体をキャリア発達支援の視点から捉え直すことは，児童生徒の意欲や自己有用感を大切にした実践の充実につながるとともに，授業を行う教師，あるいは障害のある児童生徒を受け入れる産業現場や通常の小・中学校等，そして関わる者にとって重要な気づきを得たり，変化を促したりする契機となる。

また，障害の有無や学校種，あるいは学校や地域といった場や年齢などの「違い」は障壁と捉えられがちであるが，むしろ接点を工夫し，双方にとっての「十分な教育」を目指すことにより，新たな価値の創造や融合を生み出すチャンスとなり得る。

交流及び共同学習や地域協働活動におけるキャリア発達の相互性や同時平行性を踏まえ，児童生徒の変化を丁寧に捉え直すと同時に，環境側の変化にも目を向け，効果的な実践のあり方を再考し，充実を図っていくことが新学習指導要領の4つのキーワードが目指すものにつながり，ひいては「共生社会」の形成に資すると考える。

学習課題

1．自身のこれまでを振り返り「キャリア発達」したと思うエピソードについて考えてみよう。
2．知的障害のある児童生徒の姿から「キャリア発達」と捉えられる場面を取り上げ，本人の「思い」について考えてみよう。
3．キャリア発達を促す具体的場面，方法について考えてみよう。

引用文献

中央教育審議会「今後のキャリア教育・職業教育の在り方について（答申）」2011年

中央教育審議会初等中等教育分科会「共生社会の形成に向けたインクルーシブ教育システム構築のための特別支援教育の推進（報告）」2012年

菊地一文『実践キャリア教育の教科書』学研教育出版　2013年

菊地一文『用語解説「キャリア発達」キャリア発達支援研究 3』キャリア発達支援研究会　ジアース教育新社　2016 年
国立特別支援教育総合研究所「知的障害教育におけるキャリア教育の在り方に関する研究　研究成果報告書」2010 年
文部科学省『特別支援学校教育要領・特別支援学校学習指導要』2018 年
文部科学省『特別支援学校教育要領・特別支援学校学習指導要領解説　総則等編（幼稚部・小学部・中学部）』開隆堂出版　2018 年

13 高等部教育とキャリア発達支援

菊地一文

《目標＆ポイント》 近年の特別支援学校（知的障害）高等部に在籍する生徒数の増加と実態の多様化を踏まえた教育的対応の現状と課題を学ぶ。キャリア発達支援を踏まえた地域協働活動の意義について理解し，地域のリソース共有や技能検定等の実践から今後の展望を考える。
《キーワード》 高等部教育の現状と課題，キャリア発達支援，地域協働活動，技能検定

1．特別支援学校（知的障害）高等部の概況

（1）高等部における在籍生徒数の増加と実態の多様化

近年，義務教育段階の児童生徒数が減少する一方で，特別支援学校（知的障害）高等部（以下，高等部とする）生徒の在籍数が増加し，狭隘化による教育環境の問題や，実態の多様化による教育的対応の充実等の課題が指摘されている（国立特別支援教育総合研究所，2010）。具体的な在籍生徒数の増加や進路実態について，2008（平成20）年度と2017（平成29）年度を比較すると，44,406人から63,796人と約1.4倍に増加している。また，高等部卒業者のうち就職者は2,886人から6,029人と2.09倍に増加しており（文部科学省学校基本調査より），就職率40%を越える自治体も複数見られるようになった。

近年の高等部生徒の増加への対応として，特別支援学校の新設はもとより，肢体不自由をはじめとする他障害種の特別支援学校に知的障害教育部門の高等部を新設するケースや高等学校内に分校・分教室として高

等部を設置するケースなど，各自治体において多様な対応が進められてきた。また，就労に向けた取り組みとしては，ビルメンテナンスや接客サービス等の外部専門家を活用し，産業構造の変化に応じた職業教育の充実，さらに技能検定の開発・実施等が挙げられる。

（2）高等部教育の特徴

知的障害教育における高等部教育の特徴として次の 3 点が挙げられる。

第 1 には，在籍生徒の実態の多様化を踏まえた対応が挙げられる。高等部では小・中学部からの進学者のほか，中学校特別支援学級からの進学者が多く，彼らの中にはそれ以前に通常の学級に在籍していた者も一定数見られるなど，入学段階での生徒の学習状況をはじめとする実態が多様である。また，彼らの中にはこれまでの失敗経験から自信がもてず前向きになれなかったり，他者と関わることを苦手としたりする者が少なくない。このようなことから「できる」，「認められる」，「人の役に立つ」教育の充実が求められている。

第 2 には，高等学校や高等学校に準ずる教科を履修する特別支援学校とは異なり，教育課程が単位制ではなく，小・中学部と同様に各学年の標準時数を示した時間制であることが挙げられる。このことにより，多様な生徒の実態等を踏まえた指導内容が選択・組織され，進路希望等に応じた複数の教育課程を有する特別支援学校（知的障害）が増えてきている。なお，「職業コース」と称する卒業後の職業的自立を目指す教育課程等においては，各教科等を合わせた指導として，自立活動や道徳の内容に重みづけするなど，指導内容等を鑑みた「キャリアガイダンス」，「ライフラーニング」等の独自の名称を設定しているケースも見られる。

第 3 には，職業教育を重視した取り組みが挙げられる。知的障害者である児童生徒に対する教育を行う特別支援学校の各教科（以下，知的障害教育の各教科とする）は従前から，自立と社会参加を目指した実際的かつ機能的な内容で構成されてきた。国語，数学，職業等の共通教科のほか，選択教科として「情報」，「外国語」が位置付けられており，専門教科として「家政」，「農業」，「工業」，「流通・サービス」，「福祉」が設けられている。また，必要に応じて「学校設定教科」を設けることができる（表 13－1）。

表 13－1　知的障害教育の各教科の構成

各学科に共通する各教科 （いわゆる「共通教科」）	国語，社会，数学，理科，音楽，美術，保健体育，職業，家庭 外国語（選択），情報（選択）
主として専門学科において開設される各教科（いわゆる「専門教科」）	家政，農業，工業，流通・サービス，福祉
学校設定教科	必要に応じて設定

※高等部の教育課程は，上記の教科のほか，自立活動，特別の教科道徳，特別活動，総合的な探究の時間で構成される。また，各学校において教科別の指導や領域別の指導，各教科等を合わせた指導など，適切な指導の形態を検討し，編成されている。
※共通教科のうち外国語と情報は，各学校の判断により必要に応じて設けることができるものとしている。その他の共通教科は全ての生徒に履修させることとしている。
※いわゆる普通科においては，「職業コース」等の名称で職業教育に関する時数が多く配当される類型の設置が増えてきている。
※いわゆる専門学科においては，専門教科を 3 年間で 875 時間以上を履修することとしている。また，主とする専門教科によって学科・コース等に分けられることが一般的である。

これらに基づいて，いわゆる普通科では各教科等を合わせた指導として「作業学習」が，いわゆる専門学科では「専門教科」が教育課程の多くの時数を占める。また，長期の産業現場等における実習（以下，現場実習とする）が実施されるなど，職業教育は生徒一人ひとりの社会的・

職業的自立を目指す上で重要な位置付けとなっている。

なお，知的障害教育の各教科については，今回の改訂（2019）において学びの連続性を重視し，主に以下の 3 点の対応がなされている。

① 各教科の目標および内容が育成を目指す「資質・能力の三つの柱」に基づいて整理された。これらを基に知的障害の状態，生活年齢，学習状況，経験等を踏まえ，具体的に指導内容を設定し，指導計画を作成することなどを規定した。

② 知的障害教育の各教科の小学部 3 段階，中学部 2 段階，高等部 2 段階の目標及び内容に到達している場合など，特に必要がある場合には，個別の指導計画に基づいて小・中学校等の学習指導要領の各教科等の目標および内容の一部を取り入れることなどを規定した。

③ 知的障害教育においては従前から高等部においても「道徳」が設けられてきたが，初等中等教育全体の改訂の方向性に合わせて「特別の教科『道徳』」を位置付けた。

このように高等部教育においても「連続した多様な学びの場」における「十分な教育」を目指したものとなっている。全国各地で高等部のみを設置する特別支援学校や専門学科の設置，また普通科では教育課程の類型化を進めるなど，生徒の多様な実態や進路希望を踏まえた特色ある高等部教育が展開されており,改訂を機に一層の充実が求められている。

2．高等部教育の現状と課題

国立特別支援教育総合研究所（2012）では，高等部在籍生徒の多様化の一つとして挙げられ在籍数の約 3 分の 1 を占める，いわゆる軽度知的障害の生徒の教育的課題とその対応について質問紙調査等を実施し，その対応方策について提言している。

本研究では，軽度知的障害のある生徒に特に必要と思われる指導内容

表 13－2　軽度知的障害のある生徒に必要性の高い指導内容
（国立特別支援教育総合研究所，2012）

キーワード	No	必要性の高い指導内容
対人コミュニケーション能力	1	・自分の気持ちや考えを言葉で相手に伝える。
	2	・相手（人）の話を聞く。
	3	・挨拶，返事，報告，質問，相談をする。
	4	・相手の気持ちを考えて話す。
	5	・職場の人と世間話などの会話をする。
	6	・場に応じた言葉遣いをする。
社会生活のルール	1	・時計などを使って時間を守る。
	2	・公共施設，交通機関の利用の仕方やマナーを身に付ける。
	3	・場に応じた服装，身だしなみをする。
	4	・自分の役割を果たす。
	5	・携帯電話の適切な使い方やマナーを身に付ける。
	6	・金銭や物の管理・貸し借りのルールを身に付ける。
	7	・適切な男女交際の仕方を身に付ける。
基本的な生活習慣	1	・ロッカーや机など身の回りを整理する。
	2	・夜更かしをせず，規則正しい生活をする。
	3	・休日など余暇の過ごし方を身に付ける。
	4	・バランスのよい食事をする。
	5	・身体を清潔にする習慣を身に付ける。
職業能力の育成	1	・指示やアドバイスを聞いて，品質の高い製品を作る。
	2	・正しく道具を使って，安全に作業する。
	3	・働く意欲を持つ。
	4	・自分の職業適性を理解する。

下線の項目は 2011（平成 23）年度調査において，「教えることが難しいと感じる内容」から整理された指導内容。

として「対人コミュニケーション能力」,「社会生活のルール」,「基本的な生活習慣」,「職業能力の育成」の 4 点を挙げ,「必要性の高い指導内容」として表 13－2 に示す 22 項目に整理した。

本研究ではこれら 4 点の具体的な指導の工夫として指導事例調査を行った。「対人コミュニケーション能力」,「社会生活のルール」,「基本的な生活習慣」に関しては，職場での敬語の使い方，休憩時間の世間話等の就労場面で必要となるスキルについては授業で取り上げられていた一方で，対人的なトラブル，金銭トラブル等については個別的な対応が多く，授業での取り扱いが少なかったことが明らかとなった。また「職業能力の育成」に関しては，指導が難しい内容として「働く意欲を育てる」ことや「職業適性の理解」等が挙げられた。これらについては，効果的とされた指導事例は少なかったが，意図的に地域等における活動を設定し，他者に認められる経験を積み重ねることや，自己評価と他者評価を組み合わせて振り返るといった評価の工夫等,「本人がどうありたいか」ということを踏まえたキャリア教育の視点からの実践が挙げられた。

さらに「必要性の高い指導内容」の教育課程への位置付けについては各特別支援学校において教育課程の全体バランスを考慮した上で，各教科で重点化して指導したり，各教科等を合わせた指導を取り入れて指導したりすること等が考えられるとしている。また,「必要性の高い指導内容」の指導では，関連する内容を各教科において並列的に指導するよりも，それらを抽出し，各教科の目標や内容および先に示した 4 つの観点を踏まえ，必要に応じて単元や題材等に有機的に統合したり，配列したりして指導を進めることが効果的であると提言している。

上述した教育課程の類型化によって，早期から進路に係る目標を設定し，学習上の指導目標を明確化することは，障害の程度がいわゆる軽度の生徒だけでなく，中・重度の生徒の指導の充実にもつながる（丹野,

2010)。なお，これらの知見や後述する実践の成果を踏まえた取り組みは，新しい学習指導要領が示す「主体的・対話的で深い学び」，「カリキュラム・マネジメント」等に通じると言える。

3．高等部教育の実際

（1）地域協働活動の充実とリソース共有

① キャリア発達を促す地域協働活動

地域協働活動は，「社会に開かれた教育課程」を進める上で中核となる取り組みの一つであると言える。

森脇（2014）は，地域協働活動では，「必要とされる学校，必要とされる生徒を目指すことが協働の視点となり，生徒が地域から感謝や期待の声をかけられることをとおして『必要とされる実感』を感じ取る経験が最も大切なねらい」と述べている。また，地域で「役割」を担うことには，「責任」が生じ，「責任とは，『負わされる』ものではなく，『自ら進んで他者の求めに繰り返し応える』ことをとおして理解・形成されるもの」（鷲田，2013）であり，これは自己有用感に裏付けられた自尊感情の育ちにつながると指摘している。他方，地域等の受け入れ側にとっても生徒に対する理解が促され，環境側のキャリアも開発される。このため，これらの相互作用は，「共生社会」の形成につながると捉えられる。

京都市教育委員会では，2014（平成26）年～2016（平成28）年の3ヶ年にわたって文部科学省委託事業「キャリア教育・就労支援等の充実事業」を受託した。職業学科を設置する白河，鳴滝，東山，3校の総合支援学校を指定校とし，各校の地域協働活動等でリソースを共有し，プラットフォーム構想を試行している3校が合同研究を行うプロジェクトを展開した。以下にその実践を示す。

②　地域に貢献する地域協働

白河総合支援学校では，専門教科「福祉」に基づく地域協働活動を「地域コミュニケーション」と称し，地域の高齢者や幼児等との多様な接点や関わりを設定した取り組みを展開した。

図 13－1　配食サービスの様子

具体的には，高齢者体操教室や高齢者栄養教室等の受付や補助，地域の図書館における本の管理と小学校等へのデリバリー，読み聞かせ，デイサービスのレクリエーション補助，送迎車の洗車，カフェの運営などを行った。地域の中で，地域の求めに応じて人と関わり，地域の役に立つ活動を積み重ねることにより，生徒のキャリア発達を促してきた。

その中でも近年，積極的に取り組んでいるものの一つが NPO 法人との連携・協働による高齢者宅への配食サービスである。配食サービスでは，高齢者に対する食事以外にもホスピタリティを提供するため，まず「衛生」や「安全」に留意した生徒の行動が求められる。そして直接，高齢者宅を訪問し配達する際には，あいさつ等のマナーは当然のこととして，相手の目線に立ち，腰をかがめたり，丁寧に手渡したりするなど，相手に寄り添う対応が求められる。「支援を受ける側」から「支援する側」となることで，相手を思いやり，どのように振る舞うかを思考しなければならず，自分なりの判断と行動が求められるのである。そして相手からの「ありがとう」などの感謝の声を通して，生徒たちは自らの行動を振り返り，「意味付け」，「価値付け」をしていくのである。

③　各教科等の学びを関連付ける地域協働

鳴滝総合支援学校では，これまでは主にクリーニングやビルメンテナンス等の職業技能を高めるノウハウを積み重ね，技能検定では，生徒自身による目標設定やチャレンジを通して達成感へとつなげ，キャリア発達を促してきた。

また，同校では，地域の大学と連携・協働し，総合的な学習の時間において「防災学習」に取り組んでおり，各教科等の内容と関連付け，「カリキュラム・マネジメント」につながる実践を展開した。

たとえば，国語では円滑に他者に働きかける手段の一つである「クッションことば」を学び，理科では節電方法に関するさまざまな意見を出し合い，考えの違いに折り合いを付けることなどを学んでいる。これらの各教科で身に付けた知識や技能の発揮の場として，「防災学習」を関連付けている。

防災学習では，災害時に関するさまざまな知識や技能を学ぶとともに，生徒たちは物資，衛生，食料，総務，情報の５班に分かれ，より実際的な状況下でまとめ演習を行う。

まとめ演習では，次々と入る防災情報の指示に応じて，救援物資の管理，非常食の調理と提供，さらには避難者役である地域住民の名前や年齢を確認し避難者リストの作成等を行う。生徒たちは，ペットの持ち込みや病気の人，幼児への対応などの避難所のルールを話し合って決めたり，道路や行方不明者情報などを聞き取ってメモし，壁に貼り出して広報を行ったりする。

図 13－2　防災学習

危機迫る状況下というリアリティの高い，迅速な対応が求められる設定において，生徒たちは物怖じせずにコミュニケーションをとり，お年寄りや幼児に配慮するなど，思考を働かせ，もっている力を発揮するのである。各教科等で学んだ知識や培った力をフル活用し対処することを通して，学ぶことの意味付け・関連付けが行われる。また，「振り返り」を通して，各教科で学ぶ必然性のある内容や培いたい力が見えてくる。

④　多様な人と関わる地域協働

東山総合支援学校では，白河総合支援学校が培った地域コミュニケーションのノウハウを生かし，地域の幼児児童への「読み聞かせ」を行う。加えて寺社仏閣での枯れ葉清掃，また枯れ葉を菌床に加工して「きのこ栽培」をする取り組み等を行っている。

また，清水寺をはじめ観光資源に恵まれた立地から，地域のみならず，国内外の観光客を視野に入れたグローバルな協働活動を展開している。たとえば，修学旅行生をはじめ，観光客に陶芸などの伝統文化体験教室を開いてサポートしたり，近隣の寺社仏閣の観光ガイドをしたりする。カフェで一休みしていただく「おもてなし」も含め，これらは立地を生かした独自の取り組みと言える。

同校は，在籍する多様な実態の生徒への地域協働活動により，生徒の自己有用感を高めることに加え，振り返りによる言語化や対話を大切にしている。具体的には，保健の時間などで，生徒自身が心身ともに変化したことを付箋に書き出すなどの演習を行い，「思い」を文字化，言語化し，共感し合うなど，内面の育ちを大切にした学習に取り組んでいる。これらにより，生徒たちは「他者と関われるようになったこと」や「何らかの困難やつまずきと向き合うようになったこと」など，自己を肯定的に捉え，自身の行動や内面の育ちを実感している。

⑤　リソース共有とクロスカリキュラム

本プロジェクトでは，各校のリソース共有と活用による生徒のキャリア発達の促進を目指してきた。ここでは，学校を越えて環境やノウハウを共有するだけではなく，生徒たちが学び合いを通して相手を認め，自分に必要なことを考えたり，相手から認められたりするなど，相互に刺激を受けていく。その過程で生徒たちは自己有用感に裏付けられた自尊感情を高め，「なりたい」自分を見つけ，課題と向き合っていくのである。

また，一方で教師もリソース共有の取り組みを通して，生徒の姿から「内面の変化」を見取ることに努め，生徒の「思い」に寄り添うようになる。さらに各校の取り組みの特徴や「よさ」を理解し，学校を越えた協働活動を積極的に展開していくなどの変化も見られている。

（2）相談する力や解決する力を育む「キャリアデザイン相談会」

横浜市立若葉台特別支援学校では，「キャリア発達支援」を基本コンセプトとし，知的障害や肢体不自由の各部門の生徒同士の関わりや，地域住民や関係諸機関との連携・協働を大切にしている。知的障害教育部門では，生徒が社会に出て困難や挫折に直面したときに「相談できる力」を身に付けることが大切と考え，自分の将来のことや，そのためにいま学ぶ上での課題等を相談する「キャリアデザイン相談会」を実施している。

「キャリアデザイン」とは，卒業後の社会的・職業的自立に向けて，現場実習等を通して社会の中で学んだことと学校で学んだことについて，生徒自身が振り返りと対話を通してつないでいくためのものである。個別の教育支援計画や個別の指導計画（以下，個別の諸計画とする）の機能を有するもので，振り返りを通して本人が作成に関わるという点が一番の特徴と言える。

キャリアデザイン相談会は，生徒が現場実習等を振り返って出された，次の「目標」や「課題」に関する相談に対して，他の複数の生徒が自分の経験を踏まえたアドバイスを行う，小集団による「ピア・カウンセリング」的なスタイルで行うものである。

たとえばある生徒が現場実習での課題として「身だしなみ」を挙げ，今回の実習は実習先の指示により，初めて私服での通勤だったため，どうしてよいかわからなかったと言う。ほかの生徒は皆傾聴し，「自分も最初は私服のときに戸惑った」という意見や「柄物はあまりいいとは言えないから，無地のものにしている」という意見，なかには「会社の人から，仕事をしているときも会社から一歩外に出て通勤しているときも，わが社の社員として見られていることを意識して」と言われたことがあるという意見が出される。どの意見も自分の経験を踏まえたもので，押しつけは一つもなく，相談をした生徒も「支えられている」ことを実感する。なお，相談会において教員は決して出過ぎることなく，生徒同士がうまく対話できるようファシリテートしたり，ホワイトボードにキーワードを示したりしながら，さりげなく関わり支援している。

相談会では，安心できる環境のもと，協働的な対話を通して解決するプロセスを大切にするとともに，最後に相談者が意思決定できるよう進められており，このことは今後期待される，本人参画による個別の諸計画の活用につながるものと捉えられる。

（3）特別支援学校技能検定の開発と実施

①　特別支援学校（知的障害）における技能検定への注目

特別支援学校技能検定（以下，技能検定とする）は，近年の産業構造の変化に対応したキャリア教育・職業教育の充実を目指した取り組みの一つであり，自治体としての取り組みは，東京都（2010）清掃技能検定が最初のものとされている。2014（平成 26）年時点では 10 自治体が実施（藤川・松見・菊地，2016）し，2015（平成 27）年時点では，21 自治体が実施（明官，2016）している。今後実施を予定している自治体もあり，増加傾向にある。その多くは知的障害のある生徒を対象とした取り組みであるが，近年その対象を広げようとする自治体も見られてきている。

図 13－3　食品加工検定（広島県）

広島県では，当初から多様な種目に対応してきており，清掃，接客，パソコン入力，食品加工，物流などの種目を実施している。

また，青森県や福島県では，すべての障害種別を対象とした取り組みを進めている。青森県では生徒の現在の学びや将来の夢について，プレゼンテーション，ポスター，パフォーマンスといった手段を用いて表現する「コミュニケーション部門」を実施している。また，福島県では，各校が作業製品展示・実演ブースを設定し，生徒が自分たちの取り組みを発信したり，他校のブースで相互に体験したりしている。これらの県では，比較的障害が重いと言われている生徒も参加したり，チャレンジしたりしている点が特徴として挙げられ，技能検定が職業教育をはじめとする教育活動全体の底上げとなっている。

特別支援学校高等部に在籍する生徒については，産業現場におけるインターンシップは，高等学校に比べて機会が確保されていると言える。しかし，スポーツや文化的活動，大学受験のための模擬試験など，他校の生徒と場を共にしたり競ったりすることについては，特別支援学校は高等学校と比

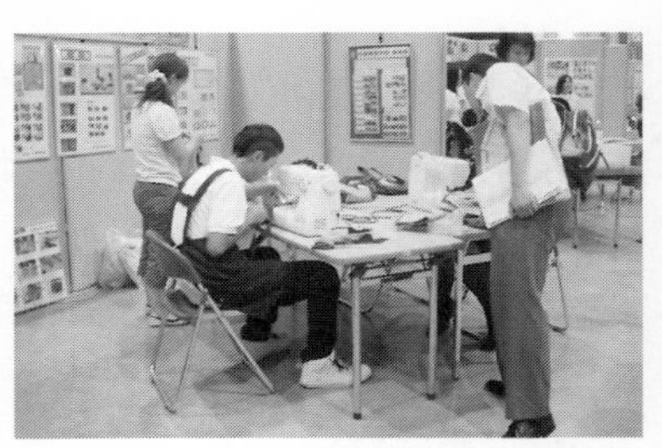

図 13－4　作業製品展示・実演（福島県）

べて機会が限られている。そのため，技能検定は特別支援学校の生徒にとって貴重な「チャレンジする機会」となっている。

②　技能検定の意義

技能検定の意義としては，次の5点が挙げられる。

ア　産業構造の変化に応じた職業教育の充実

イ　生徒及び教員にとっての目標の明確化

ウ　学校を越えた学び合いによる生徒の意欲向上と自己理解の促進

エ　授業及び教育課程の改善

オ　企業等における障害者雇用に関する理解・啓発

特別支援教育分野が「技能検定」に着目し，導入を進めている背景には，近年の産業構造の変化に対応した職業教育や企業就労を目指した取り組みの充実だけではなく，技能検定の実施によって，生徒が「目標をもつこと」，「何かにチャレンジすること」，「自己の力を知ること」や「他者を意識すること」など，キャリア発達の促進につながる「教育的意義」が大きい。また，生徒のチャレンジやその成長を目にすることにより，指導および支援に携わる側である教師，保護者，企業等の担当者が刺激され，意識変容が図られる（竹林地，2013）など，キャリア発達支援における相互作用による環境開発が成果として挙げられている。すなわち，生徒の「本気」は大人の「本気」を引き出すのである。

③　技能検定の課題と指導において求められること

技能検定の課題としては，次の2点が挙げられる。1点目は，技能検定の実施および技能検定に向けた指導において，「手段」であるはずの技能検定が，技能の向上のみに着目してしまい，級の取得そのものが「目的」となってしまうこと

図13－5　清掃検定（青森県）

である。2点目は，検定で求められる技能の背景にある意味を捉えずに，マニュアルに沿った形だけの指導となってしまうことである。その結果，技能検定がいわゆる軽度知的障害の生徒の就職のための取り組みとして捉えられ，限定的なものとして実施されてしまうことが危惧される。技能検定の成果の一つは，生徒の「やりたい」という意欲の向上とチャレンジする姿勢であり，現に当初予定していたよりも幅広い多様な実態の生徒が参加している自治体も見られている。改めて生徒一人ひとりにとって「なぜ・なんのため」技能検定を行うのか，そしてさまざまな職業における技能の背景にある意味理解に努め，指導することが求められる。

(4) 今後の充実に向けて

卒業後の「ありたい」,「なりたい」姿を考え，いまの自分と向き合い，行動する高等部教育は，学校生活と職業生活・社会生活をつなぐ「節目」として位置付き，生徒のキャリア発達を促す上でも重要な意味をもつ。地域協働活動，キャリアデザイン（個別の諸計画）と対話，技能検定のいずれもキャリア発達や進路支援の充実につながるものと言える。

高等部教育では，生徒たちが卒業後に，社会の中でさまざまな役割を通して新たな学びに向き合っていくことを想定し,「職業人」の役割としてだけではなく「市民」,「家庭人」などの多様な役割を踏まえ，主権者教育や消費者教育をはじめ，よりよく生活するための多様かつ実際的取り組みを進めている。移行期では，彼らの多様な役割を踏まえ，その充実，そして共生社会の形成に向けて，企業をはじめ障害者就業・生活支援センター等の就労支援機関等との一層の連携・協働を図ることが求められる。

学習課題

1．知的障害のある高等部生徒が置かれている状況や，彼らのもつ「思い」について考えてみよう。
2．近隣にある地域リソースを挙げ，知的障害のある高等部生徒が取り組める具体的な地域協働活動について考えてみよう。
3．地域協働活動による生徒側及び地域側のメリットについて考えてみよう。

引用文献

藤川雅人・松見和樹・菊地一文「特別支援学校（知的障害）高等部における技能検定についての調査研究．発達障害研究 38(3)」日本発達障害学会　2016 年

菊地一文『連載 雇用の現場やコラボレーションから考えるキャリア発達支援　実践障害児教育』学研プラス　2016 年

国立特別支援教育総合研究所「特別支援学校（知的障害）高等部における軽度知的障害のある生徒に対する教育課程に関する研究─必要性の高い指導内容の検討─研究成果報告書」2012 年

京都市立総合支援学校職業学科 3 校研究会「同事例集─今，求められる地域と共に進めるキャリア発達支援─」ジアース教育新社　2017 年

明官茂「平成 28 年度文部科学省特別支援教育教育課程研究協議会知的障害教育部会助言資料」2016 年

文部科学省　特別支援学校高等部学習指導要領等（白表紙）2019 年

森脇勤「特別支援学校高等部における地域協働活動から見えるキャリア発達支援の意味」『発達障害研究 36 巻 3 号』日本発達障害学会　2014 年

丹野哲也「知的障害特別支援学校における定量的な学校経営分析研究～教育課程の類型化が進路状況に及ぼす影響について～」政策研究大学院大学ポリシーペーパー　2010 年

14 個別の諸計画と知的障害教育

菊地一文

《目標＆ポイント》 一人ひとりの教育的ニーズに応じた適切な指導と必要な支援を「つなぐ」ツールである「個別の教育支援計画」と「個別の指導計画」を作成し活用する意義と方法について学ぶ。作成・活用に当たっては，本人や保護者の「願い」を踏まえ，関係者や関係諸機関の連携・協働が大切である。期待目標である「願い」から到達目標である「ねらい」を検討する意義を理解し，本人を中心とした支援体制の構築について考える。
《キーワード》 個別の教育支援計画，個別の指導計画，障害のある本人の願い，関係者の連携・協働

1. 一人ひとりのニーズを踏まえた適切な指導および必要な支援を確かにつなぐために

（1）指導及び支援をつなぐツールとしての個別の諸計画

知的障害のある児童生徒一人ひとりのニーズを踏まえた教育の充実を図るには，実態把握を踏まえた適切な指導および必要な支援に努めることが求められる。そのためには小・中・高といった各学部段階を越えた各教科等の担当者をはじめ，医療，福祉，労働等の関係機関や関係者をつなぐことが求められる。一人ひとりの教育的ニーズに応じた支援等を「つなぐ」ためのツールが「個別の教育支援計画」や「個別の指導計画」（以下，個別の諸計画）と言える。

早期からこれらを作成し，活用することによって，授業・学校だけではなく家庭や地域など生活する場の「空間的広がり」や，特別支援学校

の各学部あるいは幼稚園・保育園（所），小学校，中学校，高等学校などの各段階の「時間的流れ」を通して，知的障害のある児童生徒一人ひとりに対する「個別」に「わかる」，「できる」ための「環境」が整えられ，それぞれをつないでいくことが可能となる。

個別の諸計画は，作成が「目的」ではない。活用することによって，特別なニーズを有する当事者が一般の教育制度から排除されることなく，他の者と同様によりよく学び，よりよく生きるための指導および支援の充実につながる。諸計画はその有効な「手段」となる。

個別の諸計画を機能的かつ活用できるものにしていくためには，複数の関係者が協働作業を通して合意形成を図っていくプロセスが重要である。また，これらの活用に当たっては，PDCA サイクルを通してその評価と改善に努めていくことが求められる。

わが国が目指す「共生社会」の形成においては，合理的配慮やその基礎となる環境整備の充実が不可欠であるが，個別の諸計画は，これらの考えに基づいて作成されることが肝要であり，共生社会の形成に向けた取り組みの一つとしても重要な意味をもっている。

（2）国際生活機能分類（ICF）の視点

近年，「障害者の権利に関する条約」の批准等により，障害のある人を取り巻く生活や障害そのものに対する考え方が大きく変わってきている。

障害の捉え方としては，1980（昭和 55）年に WHO（世界保健機関）が発表した「国際障害分類（ICIDH）」の考え方が広まった。ICIDH では，「impairment（機能障害）」→「disability（能力低下）」→「handicap（社会的不利）」と示され，疾病等が原因で，機能障害が起こり，それが能力障害を生じさせ，社会的不利につながると説明された。

その後，2001（平成13）年にWHOは「国際生活機能分類（ICF)」の考え方を採択した。ICFは，「障害のマイナス面だけでなく，プラスの面にも着目する」という考え方に立った画期的なもので，「心身機能・身体構造」，「活動」，「参加」の3つの要素が相互に関連し合い，生活機能に支障がある状態を障害と捉えている。これらの状態は「個人因子」と「環境因子」が相互に影響し合うものと説明されており，構成要素間の相互関係については，図14－1のように示されている。

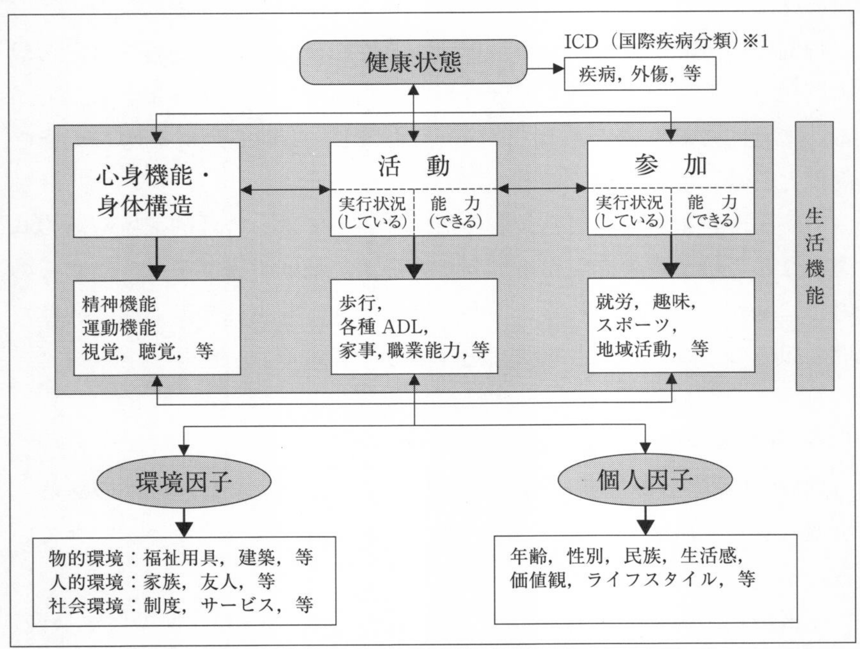

図14－1　国際生活機能分類（ICF）の構造

（出典）厚生労働省大臣官房統計情報部編「生活機能分類の活用に向けて」

※1　ICD（国際疾病分類）は，疾病や外傷等について国際的に記録や比較を行うためにWHO（世界保健機関）が作成したものである。ICDが病気や外傷を詳しく分類するものであるのに対し，ICFはそうした病気等の状態にある人の精神機能や運動機能，歩行や家事等の活動，就労や趣味等への参加の状態を環境因子等のかかわりにおいて把握するものである。

特別支援学校学習指導要領においても，従前の解説では，ICIDH の 3 つの概念から，主として impairment（機能障害）による日常生活や学習上の困難を「障害に基づく種々の困難」と示し，disability（能力低下）を自立活動の指導によって改善，または克服することと捉えてきた。

その後，自立活動が指導の対象とする「障害による学習上又は生活上の困難」については，WHO において ICF が採択された結果，精神機能や視覚・聴覚等の「心身機能・身体構造」，歩行や ADL（日常生活動作）等の「活動」，趣味や地域生活等の「参加」といった生活機能との関連で障害を把握することが大切であると示した。また，「個人因子」や「環境因子」に目を向け，「学習上又は生活上の困難」を把握すること，またその改善・克服を図るための指導の方向性や関係機関等との連携のあり方などを検討することを求めている。

2．個別の教育支援計画と個別の指導計画，個別の移行支援計画

（1）個別の教育支援計画，個別の移行支援計画とは

2003 年度から実施された障害者基本計画では，教育，医療，福祉，労働等の関係機関が連携・協力を図り，障害のある児童生徒等の生涯にわたる継続的な支援体制を整え，各年代における児童生徒の望ましい成長を促すため，「個別の支援計画」を作成することが示された。この個別の支援計画のうち，児童生徒等に対して，教育機関が中心となって作成するものを個別の教育支援計画と言う。

個別の教育支援計画は，教育関係者だけではなく，家庭や医療，福祉などの関係機関とも連携し，長期的な視点で一貫した支援を行うために作成するものである。長期的な視点から児童生徒の支援の目標を設定することによって，学校が教育課程の編成の基本的な方針を明確にする際

に，全教職員が共通理解すべき大切な情報を得ることができる。その教育支援の内容は，教科等横断的な視点から，個々の児童生徒の障害の状態等に応じた指導内容や指導方法を工夫する際の情報として，個別の指導計画に生かしていくことが重要である。

また，個別の教育支援計画では，家庭や医療，福祉等の関係機関と連携した支援の充実を図るため，各機関における支援内容等について整理したり，関連付けたりするなど，各々の役割を明確にすることも考えられる。その際には，児童生徒の実態等を的確に把握したり，共通理解したりできるようにするため，前述した国際生活機能分類（ICF）の考え方を参考にすることも有効である。

個別の教育支援計画の活用にあたっては，就学前の機関において作成される個別の支援計画を引き継ぎ，適切な支援目的や支援内容を設定したり，進学先に支援目的や支援内容を伝えたりするなど，切れ目のない支援に生かすことが必要である。その際には，事前に保護者の同意を得るなど，個人情報の適切な取扱いにも十分留意する必要がある。

なお，学校教育を卒業した後の職業生活・社会生活への円滑な移行と支援を意図した計画のことを「個別の移行支援計画」と言う。在学中の個別の諸計画で蓄積した支援の手立てや関係機関とのネットワークを生かし，企業や障害者就業・生活支援センター等の就労支援機関との連携強化を図っていくことが求められる。

（2）個別の指導計画とは

個別の指導計画とは，個々の児童生徒の実態に応じて適切な指導を行うために学校で作成されるもので，教育課程を具体化するとともに，障害のある児童生徒等一人ひとりの指導目標をはじめ，指導内容や指導方法を明確にし，きめ細やかな指導を行うために作成するものである。

各教科等における指導計画の作成においては，障害のある児童生徒等に対する学習活動を行う場合に生じる困難さに応じた指導内容や指導方法の工夫を計画的・組織的に行うことが求められる。指導内容や指導方法は，障害の種類や程度によって一律に決まるわけではない。大切なのは，児童生徒一人ひとりの障害の状態等により，学習上または生活上の困難が異なることに十分留意し，個々の児童生徒の障害の状態等に応じた指導内容や指導方法の工夫を検討し，適切な指導を行うことである。その指導の結果を適切に評価し，個別の指導計画の作成と活用に努めることが大切である。

なお，2017（平成 29）年に告示された新しい学習指導要領では，特殊教育から特別支援教育へと制度改正がなされ，10 年以上にわたって理解啓発や推進が図られてきたことを踏まえ，特別支援学校だけではなく，特別支援学級や通級による指導の対象であるすべての児童生徒に対して，個別の教育支援計画と個別の指導計画を作成し活用することが義務となった。

特別支援学級における各教科等の指導に当たって，各教科の一部または全部を，知的障害者である児童生徒に対する教育を行う特別支援学校の各教科（以下，知的障害教育の各教科）に替えた場合には，知的障害教育の各教科の各段階の目標や内容を踏まえるとともに，個別の指導計画に基づいて一人ひとりの実態等に応じた具体的な指導目標および指導内容を設定することが必要である。

また，他校において通級による指導を受ける場合には，学校間や担当教師間の連携のあり方を工夫し，個別の指導計画に基づく評価や情報交換等が円滑に行われるよう配慮する必要がある。

なお，新しい学習指導要領では，通常の学級に在籍する障害のある児童生徒の各教科等の指導に当たっても，適切かつ具体的な個別の指導計画の作成に努める必要があると示されている。今後は連続した多様な学びの場の一つとして通常の学級における取り組みの充実が求められるところである。

(3) 個別の諸計画の作成に当たって

個別の諸計画の作成に当たっては，まず対象となる児童生徒の実態把握が重要である。実態把握に当たっては，医学的診断による「学習上又は生活上の困難」を把握するとともに，心理検査等や行動観察等を通して，多面的かつ肯定的に実態を捉えていくことが求められる。特に「～ができない」というように否定的に捉えるのではなく，「～により～できる」というように，手立てを含めて検討することで「できる」姿を想定し，肯定的に捉えることが大切である。そのため，保護者への聞き取りを含め，多様な支援者による複数の目を通した検討が望まれる。

また，小・中学校の特別支援学級の場合，担当者の有する専門性によっては個別の諸計画の作成が困難であることが考えられる。そのため，巡回相談員などの特別支援学校のセンター的機能や，教育センター，大学などの特別支援教育に関する専門家の協力・助言を得ることが肝要となる。

さらには，担当者のみで作成するのではなく，保護者のほか複数の関係者がそのプロセスを共有し，定期的にケース会議を行うなどのPDCAサイクルを通した見直しと改善を図ることによって，よりよい活用と指導・支援の充実が図られていくものと考える。

なお，個別の教育支援計画や個別の指導計画の様式や記入例，作成手順については，多くの都道府県および市町村教育委員会等がガイドブック等を刊行したり，ウェブサイトで様式を公開したりしているので，参考にしてほしい。

表 14－1　個別の教育支援計画の様式例
「青森県教育支援ファイル（「個別の教育支援計画」及び「個別の指導計画」）作成の手引き改訂版」（青森県教育委員会，平成 30 年）

作成日	年　月　日
評価日	年　月　日

個別の教育支援計画　【　　　学校】

本人氏名（ふりがな）			性　別		生年月日	
保護者氏名			学年・組			
住　所	（TEL　　　）					
生活の様子	得意なこと好きなこと	○本人、保護者からの聞き取り、関係機関の情報、教員の見取り等により以下の内容を把握します。 ・学校生活　・家庭生活　・地域生活				
	苦手なこと					
本人・保護者の願い	本　人	○本人、保護者からの聞き取り等で把握します。 ○希望する進路や将来像についても把握します。				
	保護者					
合理的配慮	○合理的配慮の３観点１１項目の中から本人及び保護者と合意形成を図った項目を記入します。 ○各項目の見出しは、例えば、「①－１－１　学習上又は生活上の困難を改善・克服するための配慮」と記入します。 ○具体的な内容は、「共生社会の形成に向けたインクルーシブ教育システム構築のための特別支援教育の推進（報告）」の別表（本冊子の資料として掲載）を参考に記入します。					
長期目標（期間：　年）	○評価の時期（１～３年を目安に）は学校として適切に定めておき、評価日までに達成可能な目標を記入します。					
関係機関との連携	○関係機関名と支援内容を記入します。（担当：回数、支援内容） ・福祉、医療（受診、服薬、診断名等）、労働等との連携がある場合は記入します。 ・通級による指導、地域とのかかわり（習い事、放課後活動）も含まれます。					
作成者	学級担任：		特別支援教育コーディネーター：			

年　月　日　保護者氏名　　　　　　　　㊞

表 14－2　個別の指導計画の様式例
「青森県教育支援ファイル（「個別の教育支援計画」及び「個別の指導計画」）作成の手引き改訂版」（青森県教育委員会，平成 30 年）

作成日	年　月　日
評価日	年　月　日

個別の指導計画　【　　　学校】

学年・組		本人氏名（ふりがな）	
学校生活の様子	うまくいっているところ ○指導の有効な手がかりになるため、多く記述するようにします。 ・できていること　・頑張っていること　・得意なこと　・興味や関心 つまずいているところ ○気になる行動の実態や支援が必要と思われることを記述します。 ○「～できない」という記述は避けます。		
短期目標 （期間：　）	○指導期間をあらかじめ決定しておき、評価日までに達成可能な指導目標を設定します。 （例：１年ごと、学期ごと） ○「～しないようにする」等の表現は避け、「～できる」という文末にします。		
手立て	○「短期目標」に対応した手立てを記述します。 ○「学校生活の様子」の「うまくいっているところ」を活用して指導の手立てを設定します。 ・補助教材の活用　・言葉かけの工夫　・活動量の調整　・時間の調整 等が考えられます。 ○誰がどの時間や場所で指導するのかも考えて手立てを設定します。		
評価	○評価の時期は学校として適切に定めておきます。 ○「短期目標」の達成状況について記入し、「指導目標」や「手立て」を見直します。		
作成者	学級担任：	特別支援教育コーディネーター：	

3．本人が個別の諸計画の作成に参画する意義

（1）合理的配慮に向けた本人参画の意義

2016 年 4 月 1 日に，障害を理由とする差別の解消の推進に関する法律（障害者差別解消法）が施行され，「障害を理由とする不当な差別的取り扱いの禁止」と「合理的配慮の提供」に関する法的な枠組みが定められた。このうち合理的配慮の提供については，国の行政機関や地方公共団体等においては法的義務，民間事業者においては努力義務となった。なお，ここでは「地方公共団体等」の「等」に学校も含まれていることに留意する必要がある。また，合理的配慮の提供におけるポイントの一つとして，本人等からの申し出が挙げられる。

このことを踏まえると，個別の教育支援計画等における合理的配慮の記載や本人参画の取り組みが重要になってくると考えられる。特に前者においては，就学や転学のみならず，交流及び共同学習においても重要なポイントとなる。

個別の諸計画に関する本人参画の取り組みは，これまでいくつかの特別支援学校（知的障害）で進められてきている。具体的には，産業現場等における実習（以下，現場実習）などの「節目」を捉え，丁寧な「振り返り」と「対話」を行うことで，本人の期待目標としての「願い」を踏まえ，授業等における到達目標としての「ねらい」につなげるなどの形である。また，ここでは生徒が各教科等において学ぶ意味や必然性，言い換えると「なぜ・なんのために学ぶのか」あるいは「学んだことが将来のどのようなことにつながっていくのか」を意識できるようにするなどの「学びの文脈づくり」を大切にしている。

具体例として，現場実習初回に遅刻をしてしまった生徒のエピソードを紹介する。教師は，その原因を生徒と共に考え，道に迷ったときに周

りの人に質問できるように「国語」の時間に質問の仕方を学ぶこと，時間を見通した行動ができるように「数学」の時間に時間の計算の仕方を学ぶこと，目的地までの道筋を理解できるように「社会」の時間に地図の読み方を学ぶことなどの必要性に気付けるようにした。そして，そのことを個別の諸支援に盛り込み，生徒本人が当該教科の担当教員に自分の「思い」を伝えに行くのである。

学習上または生活上の困難を有する児童生徒が，将来を見据え「なぜ・なんのため」に学ぶのか，そのために「何を」，「どのように」学ぶのかを考える大事な機会となっており，そのことを受けて担当教員は児童生徒の目線に立ち，自身が「なぜ・なんのため」にその内容を教えるのかを明確にしていく取り組みである。

今後，本人が個別の諸計画の作成と活用に関わることで，各教科等を学ぶ必然性が生まれ，つないでいくことによって教育課程を軸に学校教育の改善・充実の好循環を生み出す「カリキュラム・マネジメント」に生かしていくことが求められる。なお，本人参画を重視するものとしては，「特別支援学校小学部・中学部学習指導要領」の自立活動の箇所において，「個々の児童又は生徒が，自立活動における学習の意味を将来の自立や社会参加に必要な資質・能力との関係において理解し，取り組めるような指導内容を取り上げること」と示されている点にも留意する必要がある。

まさに個別の諸計画は，知的障害のある児童生徒にとっての「学びの地図」につながるものと言える。また，単にできないことや苦手なことの受け入れではない，課題への対処の仕方や手だてを含む，より主体的な「自己理解」を図るとともに，本人の「ありたい」，「なりたい」姿を描き，将来を見据えるためのツールとして有効であると考える。

(2) 個別の諸計画への本人参画に向けて

本人による意思決定や本人主体が重視される中，「本人中心の計画づくり」への注目が高まってきている。本人の願いを踏まえた「本人中心の計画づくり」や効果的な活用の具体的な方策としては，Forest, M. ら（2001）による PATH（Planning Alternative Tomorrows with Hope）や MAPS（Making Action Plans），よい経験（Good Experiences）などが挙げられる。

PATH は「希望に満ちたもう一つの未来の計画」を略した名称で，インクルーシブ教育を推進するための具体的な手だてを示し，アクションプラン（行動計画）を策定する機会を提供するものとして知られている。わが国では，干川（2002）によって，「障害のある本人と関係者が一堂に会し，その人の夢や希望に基づきゴールを設定し，ゴールを達成するための作戦会議」として紹介された。その技法を用いて関係者が情報を共有し，「本人の願い」に基づく支援方策の検討や具体的なアクションプランの立案に用いられている。

PATH のステップは図 14－2 のとおりである。

STEP 1：幸せの一番星（夢）にふれる

まず，対象とする本人の夢や希望，将来のビジョン等について語り，記入する。たとえば A さんにとっての「幸せの一番星は何か？」について，A さん本人や A さんに関係の深い人が語る。その際，単に「○○になりたい」ということだけではなく，「なぜ○○になりたいのか」「○○になることでどのようなことを望んでいるのか」を踏まえることが大切である。

STEP 2：ゴールを設定する，感じる

夢や希望の実現日を記入し，本人が夢の実現に向けてその日に何をしているのか，何を感じているのかを話し合い，記入する。

STEP 3：今に根ざす（私や私たちは今どの位置にいるのか）

今日の年月日を記入し，本人の現在の実態や現状と，それを本人がどのように感じているのかを話し合い，記入する。その際，実態については，本人の「強み」や「よさ」に着目し，肯定的に捉えることが大切である。

STEP 4：夢をかなえるために誰を必要とするか

夢をかなえるために誰を必要とするのか，関係者をリストアップする。

STEP 5：必要な力（どのような力を増したらよいのか）

夢をかなえるためにはどのような力が必要なのか，どのような力を高めたらよいのかを話し合い，記入する。

STEP 6：近い将来の行動の図示

近い将来，夢が現実のものとなっているためにはどのような行動をとっているのかについて話し合い，記入する。

STEP 7：1ヶ月後の作業

今回の話し合いを終えて，1ヶ月後，話し合いに参加したメンバーがそれぞれ何をするのかを記入する。

STEP 8：はじめの一歩を踏み出す

今回の話し合いを終えて，話し合いに参加したメンバーが，それぞれはじめに何をするのかを表明する。

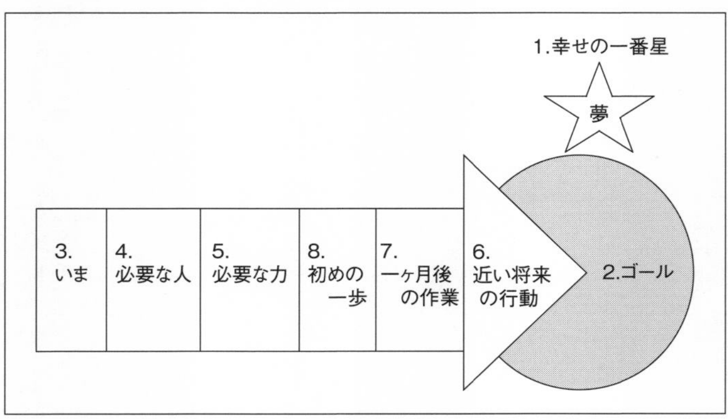

図14－2　PATH（Planning Alternative Tomorrows with Hope）の概要

以上のステップにより，本人や関係者が「幸せの一番星（夢）」を目指してゴールを設定し，その達成のために具体的な支援策を話し合い，段階を踏んで支援方策を検討する。

PATH の一連のプロセスを通して得られる効果としては，①支援者が支援の出発点となる「本人の願い」の重要性に気づくこと，②支援者相互の協働性や支援の必然性が高まること等が挙げられる。支援者の意識を変え，チームの協働性や組織力が高まるということは，その後のアクションプランの実効性を高めることにもつながる。

PATH の実施には一定の時間がかかるが，結論を急がずに，丁寧に「願い」の背景について検討し共有すること，本人の「強み」に着目し，支援方策を検討することが成功のカギとなる。「願い」の捉え方によっては必要な支援も変わってくるため，複数の関係者による本人の「よさ」への着目やこれまでの本人の「つぶやき」や「反応」を丁寧に拾い上げて考察するなど，より肯定的な姿勢が求められる。

今後，個別の諸計画の作成等への活用など，「本人を中心とした」計画の作成及び実践の一層の充実が期待される。

学習課題

1．知的障害のある児童生徒の学習上または生活上の困難の具体的な例とその支援方策について考えてみよう。

2．PATH のステップを参考に知的障害のある児童生徒の「願い」とその背景について考えるとともに，「願い」を踏まえた学習上の「ねらい」について検討してみよう。

引用文献

青森県教育委員会　青森県特別支援教育情報サイト　https://www.pref.aomori.lg.jp/bunka/education/tokushi_shiryou.html（2019年1月30日取得）

干川隆「教師の連携・協力する力を促すグループワーク—PATHの技法を用いた試みの紹介—知的障害養護学校における個別の指導計画とその実際に関する研究報告書」国立特殊教育総合研究所　2002年

干川隆（監修）熊本大学教育学部附属特別支援学校（編）『特別支援教育のチームアプローチ　ポラリスをさがせ　熊大式授業づくりシステムガイドブック』ジアース教育新社　2012年

国立特別支援総合研究所「知的障害教育におけるキャリア教育の在り方に関する研究　研究成果報告書」2010年

文部科学省『特別支援学校教育要領・学習指導要領』2017年

文部科学省『特別支援学校教育要領・学習指導要領解説総則等編（幼稚部・小学部・中学部）』開隆堂出版　2018年

文部科学省『特別支援学校教育要領・学習指導要領解説自立活動編（幼稚部・小学部・中学部）』開隆堂出版　2018年

15 インクルーシブ教育システムと知的障害教育

佐藤愼二

《目標＆ポイント》 共生社会の形成を目指すインクルーシブ教育システムと特別支援教育，知的障害教育について，連続性のある「多様な学びの場」や合理的配慮も踏まえて学ぶ。子どものニーズに応じた就学支援のあり方や通常の学級に在籍する知的障害のある子どもの支援を理解する。
《キーワード》 インクルーシブ教育システム，連続性のある「多様な学びの場」，合理的配慮，ニーズに応じた就学支援，知的障害と通常の学級

1．障害者の権利に関する条約とインクルーシブ教育システム

わが国は 2006（平成 18）年に教育基本法を改正し，「国及び地方公共団体は，障害のある者が，その障害の状態に応じ，十分な教育を受けられるよう，教育上必要な支援を講じなければならない」（第 4 条第 2 項）との規定を新設した。また，2007（平成 19）年に「障害者の権利に関する条約」（2006〈平成 18〉年国連総会で採択。以下，障害者権利条約と記す）に署名し，2014（平成 26）年にこれを批准した。同条約は，「全ての障害者によるあらゆる人権及び基本的自由の完全かつ平等な享有を促進し，保護し，及び確保すること並びに障害者の固有の尊厳の尊重を促進することを目的」とするものである。その理念に基づき，障害のある子どもがその持てる力を最大限に発揮し，あわせて，障害のある子どもと障害のない子どもとが，同じ場で共に学ぶ仕組みとしての「イ

ンクルーシブ教育システム」の実現が提唱された。

同条約の署名から批准に至る過程で，2011（平成23）年の障害者基本法の改正，2013（平成25）年の就学先決定に関する学校教育法施行令の改正，2016（平成28）年の障害を理由とする差別の解消の推進に関する法律の施行（以下，障害者差別解消法と記す）等，教育・福祉分野を含め，同条約の趣旨を踏まえた大きな制度改正がなされた。

教育分野では，上述の学校教育法施行令の改正のほか，中央教育審議会初等中等教育分科会のもとに「特別支援教育の在り方に関する特別委員会」が設置され，同条約に示された教育理念を実現するための特別支援教育のあり方について審議を行った。2012（平成24）年には「共生社会の形成に向けたインクルーシブ教育システム構築のための特別支援教育の推進（報告）」（以下，同報告と記す）が取りまとめられた。

同報告では，インクルーシブ教育システム構築の最も本質的な視点として，「それぞれの子どもが，授業内容が分かり学習活動に参加している実感・達成感を持ちながら，充実した時間を過ごしつつ，生きる力を身に付けていけるかどうか」とした上で，障害のある子どもとない子どもとが同じ場で共に学ぶことを追求するとともに，子どもの自立と社会参加を見据え，そのときどきの教育的ニーズに最も的確に応える指導を提供できる多様で柔軟な仕組みを整備することが重要であると指摘している。すなわち，小・中学校等の通常の学級，通級による指導および特別支援学級や特別支援学校それぞれの機能が協働的に発揮され，多様な教育的ニーズに対応できる，教育変更の柔軟性と連続性を備えた「多様な学びの場」の求めである。

このように，同条約に掲げられた理念の実現とそれに沿ったインクルーシブ教育システムの実践上の構築を目指し，特別支援教育のさらなる充実が求められている。

2．共生社会の形成に向けて
－合理的配慮・基礎的環境整備－

（1）共生社会について

同報告では，共生社会について「これまで必ずしも十分に社会参加できるような環境になかった障害者等が，積極的に参加・貢献していくことができる社会である。それは，誰もが相互に人格と個性を尊重し支え合い，人々の多様な在り方を相互に認め合える全員参加型の社会」（同報告）と定義した。

また，今回の学習指導要領では前文が記され，「一人一人の児童が，自分のよさや可能性を認識するとともに，あらゆる他者を価値のある存在として尊重し多様な人々と協働しながら様々な社会的変化を乗り越え豊かな人生を切り拓き，持続可能な社会の創り手となることができるようにする」と記され，まさに，共生社会の形成に向けた学校教育としての決意と覚悟が示されている。

（2）合理的配慮について

共生社会の形成に向けては，同条約が提唱する「インクルーシブ教育システム」を構築する重要性を指摘し，「個人に必要な『合理的配慮』が提供される等が必要」（同報告）とした。同条約第 2 条では「『合理的配慮』とは，障害者が他の者との平等を基礎として全ての人権及び基本的自由を享有し，又は行使することを確保するための必要かつ適当な変更及び調整であって，特定の場合において必要とされるものであり，かつ，均衡を失した又は過度の負担を課さないものをいう」と規定された。同条約が提起する「合理的配慮」は，まさに，共生社会実現に向けて障害者の人権を保障する重要な理念・方法である。その否定や軽視は，障害を理由とする差別であると考える厳しい思想がそこにはある。

上記のような大きな流れの中で先に触れた障害者差別解消法も制定され，文部科学省では2015（平成27）年に「文部科学省所管事業分野における障害を理由とする差別の解消の推進に関する対応指針について（通知）」を発出し，学校における「合理的配慮」の具体を例示している。一例を挙げれば，「読み・書き等に困難のある児童生徒等のために，授業や試験でのタブレット端末等のICT機器使用を許可したり，筆記に代えて口頭試問による学習評価を行ったりすること」と示されている。すなわち，その配慮によって授業や学校生活の諸活動への参加を支えるという，まさに，学習する権利の保障という観点が大切である。

「合理的配慮」は，一人ひとりの障害の状態や教育的ニーズ等に応じて決定される。その際，学校と子ども本人，保護者との合意形成を可能な限り図ることが大切である。その内容は第14章で触れた個別の教育支援計画に明記することが望ましい。さらに，「合理的配慮」の決定後も，子どもの様子を十分に把握しながら，柔軟に見直しができることを共通理解することが重要である。

（3）基礎的環境整備について

「基礎的環境整備」とは，「障害のある子どもに対する支援については，法令に基づき又は財政措置により，国は全国規模で，都道府県は各都道府県内で，市町村は各市町村内で，教育環境の整備をそれぞれ行う。これらは，『合理的配慮』の基礎となる環境整備であり，それを『基礎的環境整備』と呼ぶ」（同報告）と示されている。

たとえば，「合理的配慮」は，個別に提供されるものであるのに対し，「通級による指導，特別支援学級，特別支援学校の設置は，子ども一人一人の学習権を保障する観点から多様な学びの場の確保のための『基礎的環境整備』として行われているものである」(同報告) としている。つまり，通常の学級での整備の充実は言うまでもないが，通級による指導，特別支援学級，特別支援学校の「基礎的環境整備」も整え，通常の学級のほか，それぞれの場において子どもの教育的ニーズに即した「合理的配慮」の提供が必要である。

なお，「基礎的環境整備」という場合，先に触れたような通常の学級を基底に多様な学びの場を用意し，施設設備の改善などがイメージされるが，決してそのようなハード面に限るものではない。むしろ，ユニバーサルデザインの考え方のように障害の有無に関わりなく一人でも多くの子どもを包括できるような学級経営・授業づくりをしたり，障害者理解教育を充実させて温かな学級づくり・友達関係づくりに配慮したり，交流及び共同学習を効果的に展開したりすることで，ともに尊重し合い協働する気持ちを高めたりする側面も重要である。

3. 障害のある子どもの就学支援

(1) 就学支援の基本的な考え方

すでに触れてきたように，障害のある子どもの学びを通常の学級を基底に，柔軟に，多様に支えるインクルーシブ教育システムが追究されている。その実現のためには，子どもの特別な教育的ニーズに応じ，柔軟に学びの場を提案できる就学支援が求められる。「学校教育法施行令の一部改正について (通知)」(2013〈平成 25〉年文部科学省),「障害のある児童生徒等に対する早期からの一貫した支援について (通知)」(2013〈平成 25〉年文部科学省) において，障害のある子どもの就学先の決定に当たっての基本的な考え方が示されている。

すなわち，「障害のある児童生徒等が，その年齢及び能力に応じ，かつ，その特性を踏まえた十分な教育が受けられるようにするため，可能な限り障害のある児童生徒等が障害のない児童生徒等と共に教育を受けられるよう配慮しつつ，必要な施策を講じる」とされ，「乳幼児期を含めた早期からの教育相談の実施や学校見学，認定こども園・幼稚園・保育所等の関係機関との連携等を通じて，障害のある幼児児童生徒等及びその保護者に対し，就学に関する手続等についての十分な情報の提供」を行う重要性が指摘されている。「最終的な就学先の決定を行う前に十分な時間的余裕をもって行うものとし，保護者の意見については，可能な限りその意向を尊重しなければならない」と，子ども本人・保護者の意向の尊重が強調されている。かつての「就学指導」から，本人中心の「就学相談」，「就学支援」へと大きな転換がなされたといえよう。

(2) 早期からの一貫した支援の重要性

① 教育相談体制の整備と個別の教育支援計画

障害のある子どもにとって，障害からの困難性が早期に発見され，早期からその状態に応じた必要な支援が行われることは，その後の自立や社会参加に大きな効果があると考えられる。また，障害のある子どもを支える家族への支援という点からも大きな意義がある。

早期からの一貫した支援のためには，市町村の教育委員会が，医療，保健，福祉，労働等の関係機関と連携を図りつつ，乳幼児期から学校卒業後までの一貫した教育相談体制の整備を進めることが重要である。そのためには，個別の教育支援計画を作成・活用し，子ども本人・保護者の了解を得た上で，子どもの成長記録や指導内容等に関する情報について，必要に応じて関係機関が共有し活用していくことが求められる。

その際，保護者が保管していることの多い相談支援ファイルや障害児通所支援事業所等で作成されている個別支援計画等にまとめられている情報を個別の教育支援計画に一元化していくことも大切になる。

②　就学先等の見直し

就学時に決定した「学びの場」は，決して，固定したものではない。就学後のフォローアップによる柔軟な対応が求められる。つまり，子どもの様子や子どもの思い，適応の状況等に応じて，小中学校から特別支援学校への転学，あるいは，特別支援学校から小中学校への転学という双方向での転学もできることをすべての関係者が共通理解する必要がある。

そのためには，教育相談や個別の教育支援計画に基づく関係者による会議などを定期的に行い，必要に応じて当該の計画を見直し，就学先の変更も視野に入れながら検討する姿勢が大切である。

また，就学相談の初期の段階で，就学先決定までの流れや，就学先決定後も柔軟に転学ができることなどを子ども本人・保護者にあらかじめ説明を行う必要がある。子どもの成長に応じて，教育的支援をより最適化できるように，先に触れた教育変更の柔軟性と連続性を備えた「多様な学びの場」のそれら機能の充実が求められている。

4．知的障害教育とインクルーシブ教育システム

（1）共通の土俵の上で

すでに触れてきたように，インクルーシブ教育システムの推進により障害のある子どもたちの学びの場と教育の選択・変更が柔軟にできるようになった。それを踏まえ，知的障害特別支援学校と小・中・高等学校の教育課程との連続性が重視されている。第8章を中心に触れている知的障害教育の各教科における目標や内容については，通常の教育同様に，育成を目指す資質・能力の三つの柱に基づき整理された。

今回の学習指導要領では，実社会・実生活で汎用性のある生きる力を育むという共通の目標・内容を知的障害教育も通常の教育も含めて共有

することとなった。その結果として，自立と社会参加を目指してきた知的障害教育の目標・内容と通常の教育との近接性は極めて高くなったと考えられる。言葉を代えれば，学びの移行を教育課程上もスムーズにするという単なる形式上の連続性ではなく，実質的な連続性・関連性も高まったといえる。

「国語」を例にして表のように整理すると以下の2点を確認できる。

表15－1　学習指導要領「国語」の目標

（新）小学校学習指導要領「国語」	（旧）
1　目　標 言葉による見方・考え方を働かせ，言語活動を通して，国語で正確に理解し適切に表現する資質・能力を次のとおり育成することを目指す。 (1) 日常生活に必要な国語について，その特質を理解し適切に使うことができるようにする。 (2) 日常生活における人との関わりの中で伝え合う力を高め，思考力や想像力を養う。 (3) 言葉がもつよさを認識するとともに，言語感覚を養い，国語の大切さを自覚し，国語を尊重してその能力の向上を図る態度を養う。	1　目標 国語を適切に表現し正確に理解する能力を育成し，伝え合う力を高めるとともに，思考力や想像力及び言語感覚を養い，国語に対する関心を深め国語を尊重する態度を育てる。

（新）特別支援学習指導要領「国語」	（旧）
1　目　標 言葉による見方・考え方を働かせ，言語活動を通して，国語で理解し表現する資質・能力を次のとおり育成することを目指す。 (1) 日常生活に必要な国語について，その特質を理解し使うことができるようにする。 (2) 日常生活における人との関わりの中で伝え合う力を身に付け，思考力や想像力を養う。 (3) 言葉で伝え合うよさを感じるとともに，言語感覚を養い，国語を大切にしてその能力の向上を図る態度を養う。	1　目標 日常生活に必要な国語を理解し，伝え合う力を養うとともに，それらを表現する能力と態度を育てる。

1つ目は，いずれも，育成すべき資質・能力の3つの観点から目標が示されている点はもとより，目標そのものの文言に多少の相違はあるがほぼ同様の目標が設定されている。

2つ目は，小学校の大きな変化である。新旧対照で鮮明になるのは，今回の目標には「日常生活に必要な……」，「日常生活における」という旧目標にはない文言が使用されている。これは，すなわち，先に検討したように実社会・実生活での活用性という観点が，通常の教科の目標そのものにも具体的に反映された証と言えよう。

（2）知的障害教育の各教科と通常の教科との連続性・関連性

①　学習指導要領の記述から

2017（平成29）年告示学習指導要領における知的障害教育の各教科の変更点は，「○小・中学部の各段階に目標を設定した。　○中学部に2段階を新設し，段階ごとの内容を充実した。　○小学部の教育課程に外国語活動を設けることができることを規定した。　○小学部の子供のうち小学部の3段階に示す各教科又は外国語活動の内容を習得し目標を達成している者，また，中学部の子供のうち中学部の2段階に示す各教科の内容を習得し目標を達成している者については，子供が就学する学部に相当する学校段階までの小学校学習指導要領又は中学校学習指導要領における各教科等の目標及び内容の一部を取り入れることができるよう規定した」（解説）とある。

②　連続性のある多様な学びのために

知的障害教育の各教科と通常の教科の共通性が高まっただけでなく，知的障害特別支援学校に在籍しながら，通常の教育の各教科等の目標および内容の一部を取り入れることができるようになった。これにより，知的障害特別支援学校から小学校・中学校，もしくはその逆の「転校」

は，よりスムーズになったと言える。

（3）通常の学級に在籍する知的障害のある子どもの支援

障害の程度にもよるが，知的障害のある子どもが通常の教科で学習をする場合にはさまざまな困難が想定される。知的障害特別支援学級に在籍し，交流及び共同学習で通常の学級で学習する場合の配慮については第 11 章で触れている。そこで，本節では，それに加えて通常の学級に在籍する場合の支援の最適化，「合理的配慮」について検討する。

①　学校生活の具体的な目標を大切にする

知的障害の有無に関わりなく子どもたちの学校生活全般への意欲の高まりは大切である。そのためには，たとえば，運動会や遠足等の学校・学年行事等の学校生活上の大きな目標を年間・学期の節々で明確にする。その生活目標の実現に向けて，学級全員で毎日の学級生活を少しずつ高める工夫が学級経営に求められる。それにより，知的障害の有無に関わりなく，目標の実現に向けた雰囲気の高まりと学級集団としての一体感を醸成したい。

②　温かな学級づくり

小学校学習指導要領総則の解説には，「一人一人の特性等に応じた必要な配慮等を行う際は，教師の理解の在り方や指導の姿勢が，学級内の児童に大きく影響することに十分留意し，学級内において温かい人間関係づくりに努めながら，『特別な支援の必要性』の理解を進め，互いの特徴を認め合い，支え合う関係を築いていくことが大切である」とある。さらには，「障害を理由とする差別の解消の推進に関する法律（平成 25 年法律第 65 号）の施行を踏まえ，障害の有無などに関わらず，互いのよさを認め合って協働していく態度を育てるための工夫も求められる」（道徳・解説）とある。

特別活動の時間には，友達関係づくりの楽しいゲームを取り入れたり，日々の学級経営・授業づくりの中で，どの子どももよさや持ち味が発揮されるような出番を用意したりする。また，学級生活を支え合う仲間として，知的障害のある子どもも含めて係活動を分担し，お互いにあてにし合う関係づくりに十分に留意する必要がある。

③　各教科等の指導に際して

ア　得意なことに配慮して

教科等の授業場面では，学年進行に伴い困難が予想される。そのため，まずは，子どもが意欲的に取り組めるように，その子どもの得意なこと・得意な教科等の把握が大切になる。どの教科で，どのような活動ならば，その子どもが活躍できるのか，その場面を１つでも２つでも増やす方向性を大切する。そして，実際の一コマの授業時間においても，その子どもの学習内容を焦点化し，絞り込みながら活動を用意する。

イ　単元の目標を生活化する

たとえば，小学１年生国語には「どうぶつの赤ちゃん」(光村図書) という単元がある。この単元を展開する際に，「どうぶつクイズ大会をやろう」，「どうぶつの赤ちゃん絵本づくりをしよう」等の単元目標を掲げる。これにより，単元の目標が生活上の活動として子どもの中に具体化・意識化されることになる。

この単元目標の生活化は，「主体的・対話的で深い学び」や「教科等横断的な視点」を検討する上でも，知的障害の有無に関わりなく重視される必要がある。第９章でも触れたように，単元目標が生活化されることで，子どものより主体的な学びが実現しやすくなる。

特に，知的障害のある子どもにとっては，生活目標の実現に向けた単元計画の中で，その気持ちが高まるように節々での具体的な活動を用意する姿勢が求められる。

ウ　ユニバーサルな支援の工夫

発達障害のある子どもも同様であるが，指示や説明を聞くことに困難を抱えることがある。話は短く簡潔にして繰り返す，視覚情報や実物で補う等のユニバーサルな支援について留意する必要がある。特に，実物を用意し，見たり触ったりするだけでも理解がより深まる。また，できるだけ，身の回りにある生活事象と関連付けたり，子どもがよく知っている象徴的な例を挙げて説明したりすることでイメージしやすいようにする。これらの配慮により，結果的に，どの子どもも学びやすい授業が実現しやすくなる。

エ　興味・関心を生かした教材の用意

より個別的な支援としては，その子どもの興味・関心を生かす発想を大切にしたい。たとえば，電車やキャラクターに興味があるならば，電車を活用した教材を用意したり，約束カードを線路模様にしたり，そのキャラクターをマークにして頑張りシールにしたりする等の工夫をする。もちろん，通常の学級担任が独りで実施するには限界がある。特別支援学級や通級指導教室の担当者をはじめ校内支援体制の中で，協力し合って支援の充実を図りたい。

④　学校生活全般での配慮

自立と社会参加の基盤になる，着替え，食事，トイレ，身の回りの整理整頓，清掃等の日常生活面での支援も大切になる。着実に身に付けることができるように，まさに，繰り返しの支援を基本にする。教師の直接の支援や友達の協力を得る場面もあるが，より自立的に取り組めるように，手順カードや手順表を用意して自分から自分の力でできる部分を少しずつ増やすための工夫も大切である。

また，委員会活動，クラブ活動等においてこそ，子どもの持ち味や得意が発揮されるように，担当者との連携も図り十分な支援を講じる。

⑤　校内外リソースの活用と保護者との連携

先に，担任独りで抱えないと記したが，学校だけで抱えることも決して望ましいことではない。知的障害特別支援学校のコーディネーターや巡回相談員を積極的に活用し，よりよい支援を検討する。それが人権保障としての「合理的配慮」に向き合う責任ある態度である。

また，個別の教育支援計画，個別の指導計画に基づきながら，適時適切な評価を行い，支援の最適化を図る。その際，当然，保護者との連絡・相談を密にする。現在の学校生活の様子を共有しながら，学校と家庭でできることを確認し合う。もちろん，その子どもの様子によっては，特別支援学級等での体験学習を提案する等が必要な場合もあるが，子どもの今現在とともに，将来の生活について保護者とともにしっかり語りながらよりよい支援を探り続けたい。

学習課題

1．障害者権利条約，インクルーシブ教育システム，共生社会，特別支援教育，知的障害教育をキーワードに近年の動向を改めてまとめてみよう。
2．障害のある子どもの就学支援のポイントを考えてみよう。
3．通常の学級に在籍する知的障害のある子どもの支援の実際について考えてみよう。

引用文献

文部科学省『小学校学習指導要領　総則編』東洋館出版社　2018 年
文部科学省『特別支援学校学習指導要領解説　各教科等編（小学部・中学部）』開隆堂出版　2018 年

索 引

●配列は五十音順。

●さ　行

●た　行

分担執筆者紹介

（執筆の章順）

坂本　裕（さかもと・ゆたか）

・執筆章→2・3・8

1960年　熊本市に生まれる
1984年　熊本大学教育学部養護学校教員養成課程卒業
1991年　熊本大学大学院教育学研究科終了
2004年　博士（文学）（安田女子大学）
職歴　熊本大学教育学部附属養護学校等の教諭，
九州ルーテル学院大学人文学部専任講師，
岐阜大学教育学部助教授　同准教授，
岐阜大学大学院教育学研究科准教授を経て
現在　岐阜大学教育学部教授
兵庫教育大学大学院連合学校教育学研究科教授
専門分野　知的障害教育・特別支援学校教育課程
主な著書　遅れのある子どもの身辺処理支援ブック明治図書　2014年
特別支援教育を学ぶ［第3版］（代表編集）ナカニシヤ出版　2016年
合理的配慮をつなぐ個別移行支援カルテ（編著）明治図書　2017年
新訂2版　特別支援学級はじめの一歩（編著）明治図書　2020年
特別支援教育ベーシック（編著）明治図書　2021年

高倉誠一（たかくら・せいいち）

・執筆章→5・6・7・11

1971年　福岡県に生まれる
1995年　宇都宮大学教育学部養護学校教員養成課程卒業
1997年　千葉大学大学院教育学研究科終了
職歴　東京都知的障害者育成会勤務，植草学園短期大学講師，同准教授を経て
現在　明治学院大学社会学部社会福祉学科准教授
専門分野　知的障害教育
主な著書　特別支援の「子ども理解」（監修）ケーアンドエイチ社　2012年
特別支援教育のための知的障害教育・基礎知識 Q&A（分担執筆）ケーアンドエイチ社　2007年
生活単元学習・作業学習の進め方 Q&A 改訂版（分担執筆）ケーアンドエイチ社　2018年
はじめてのインクルーシブ保育（共編著）合同出版　2016年

菊地一文（きくち・かずふみ）

・執筆章→ 12・13・14

1970年	青森県に生まれる
1992年	北海道教育大学教育学部養護学校教員養成課程卒業
2005年	弘前大学大学院教育学研究科修了
職歴	国公立養護学校（現在の特別支援学校）教諭，国立特別支援教育総合研究所主任研究員，青森県教育委員会指導主事，植草学園大学発達教育学部准教授，広島大学大学院教育学研究科客員准教授を経て
現在	弘前大学大学院教育学研究科教授 広島大学大学院人間社会科学研究科客員教授
専門分野	知的障害教育，キャリア教育
主な著書	実践キャリア教育の教科書―特別支援教育をキャリア発達の視点で見直す―（編著）学研教育出版　2013年 気になる子どものキャリア発達支援（単著）学事出版　2016年 特別支援学校新学習指導要領　ポイント総整理（共編著）東洋館出版社　2018年 小学部から組織的に取り組む「キャリア発達支援」の実践（監修）ジアース教育新社　2021年 知的障害教育における「学びをつなぐ」キャリアデザイン（監修）ジアース教育新社　2021年 確かな力が育つ知的障害教育「自立活動」Q&A（単著）東洋館出版社　2022年　他

編著者紹介

太田俊己（おおた・としき）

・執筆章→1・4

1951年　神奈川県横須賀市に生まれる
1973年　早稲田大学第一文学部心理学専攻卒業
1982年　筑波大学大学院教育研究科修了
　　　　筑波大学大学院心身障害学研究科中退
職歴　　神奈川県立知的障害児童入所施設児童指導員
　　　　国立特殊教育総合研究所　研究員　同研究室長
　　　　千葉大学教育学部　助教授　同教授　附属養護学校校長（併任）
　　　　植草学園大学教授，関東学院大学教授を経て
現在　　放送大学客員教授
専門分野　知的障害教育・指導法　インクルーシブ保育
主な著書　特別支援教育のための知的障害教育・基礎知識Q&A（分担執筆）ケーアンドエイチ社　2007年
　　　　特別支援学校新学習指導要領―ポイントと授業づくり　東洋館出版　2010年
　　　　インクルーシブ保育っていいね（共編著）福村出版　2013年
　　　　はじめてのインクルーシブ保育（監修）合同出版　2016年
　　　　生活単元学習・作業学習の進め方Q&A 改訂版（分担執筆）ケーアンドエイチ社　2018年
　　　　気になる子，障害のある子，すべての子が輝くインクルーシブ保育（共編著）学研教育みらい　2020年
　　　　障害児保育（編著）青踏社　2021年

佐藤愼二（さとう・しんじ）

・執筆章→9・10・15

1959年　東京都品川区に生まれる
1982年　明治学院大学社会学部社会福祉学科卒業
2003年　千葉大学大学院教育学研究科修了
職歴　千葉県内の知的障害養護学校（現在の特別支援学校），小学校に23年間勤務
現在　植草学園短期大学教授　こども未来学科　学科長
専門分野　通常の学級における特別支援教育　知的障害教育・指導法
主な著書　知的障害特別支援学校―子ども主体の授業づくりガイドブック―　東洋館出版社　2020年
今日からできる！小学校の交流及び共同学習―障害者理解教育との一体的な推進をめざして―　ジアース教育新社　2021年
今日からできる！通常学級ユニバーサルデザイン―授業づくりのポイントと実践的展開　ジアース教育新社　2015年
「気になる」子ども　保護者にどう伝える？　ジアース教育新社　2017年
入門　自閉症・情緒障害特別支援学級―今日からできる！自立活動の授業づくり―　東洋館出版社　2019年

放送大学教材　1529374-1-2011（ラジオ）

改訂新版　知的障害教育総論

発　行　2020年3月20日　第1刷
　　　　2023年1月20日　第3刷
編著者　太田俊己・佐藤愼二
発行所　一般財団法人　放送大学教育振興会
　　　　〒105-0001　東京都港区虎ノ門1-14-1　郵政福祉琴平ビル
　　　　電話　03（3502）2750

市販用は放送大学教材と同じ内容です。定価はカバーに表示してあります。
落丁本・乱丁本はお取り替えいたします。

Printed in Japan　ISBN978-4-595-32174-0　C1337